勇敢走上不一樣的路
在家教育新手經驗談

張碧如 著

出版序

抽象知識的學習只是整個教育過程中一個很有限的角色而已，學校教育雖然重要，它也只是一種知識學習的方式，絕對稱不上是唯一或最重要的學習方式。

不只學校教育的重要性需要被檢視，所有想法也都可以被再思考。到目前為止，每一種理論學派的出現，都曾被視為是瞭解複雜學習行為的關鍵，但隨著時空推演，發現都無法解釋所有行為的形成，因此，各種派別的學習理論不斷推陳出新，也不斷受到檢視與考驗。換言之，心理學家並未發展出永恆的學習原理，而新的看法與解釋，仍有出現的可能。

教育，可能也還沒有永恆的最好方式出現，所以，我試著提出我的做法與想法，看看能否成為眾多教育方式的一種可能。

寫這本書，是想將我這個在家教育新手的第一及第二年的落實過程與心情真實呈現。其實，我們的在家教育不能算成功，也不足為大家的範例，事實上，這個過程絕不如童話般的完美，而是不斷修修補補的過程；經常在認為王子和公主從此過著幸福快樂生活的同時，事情又有了變化。後來想想，些許變動中所得到的平衡，可能才是真實人生的寫照，尤其是，孩子成長很快、變化很大，單一教養方式對「善變」的孩子來說本來就不適用。所以，在家教育的最大好處，是孩子就在身邊，你可以根據對孩子的貼身觀察與瞭解，進行彈性的微調，而找到目前可能的最適切教養方式。

沒有任何一種教養方式是最好的。這本書的分享，是對一次次調整與改變的真實描述。每一個階段，我都以為這是最好

的方式了，然後馬上就遇到需要調整的地方。所以，除了教育
理念與想法要清楚外，父母對孩子的細微觀察，以及隨時調整
的能力，可能更是能否提供適性教育的重要關鍵。如果有堅守
的教育理想要落實，而且絕不妥協，那孩子可能會更辛苦，因
為他是一個實驗品，在一對一緊迫盯人的環境與氛圍中，可能
更喘不過氣來。所以，清楚的教養理念固然重要，隨時拋棄與
再建構教養理念的心理準備，可能也無法避免。適合孩子的教
養方式必須慢慢的找，而且是一個長久尋覓與調整的過程。

　　另一個想把這些學習歷程紀錄下來的原因，是考量有些想
在家教育的家長會覺得茫然或擔心，所以，一個真實經歷的描
述，希望能讓這些家長們知道有人是這麼經歷過的。這不是正
確版，但希望這是個真實版，並希望這本書的真實過程描述，
可以讓大家更自在的開始，並勇敢的發展出自己的一套模式。

張碧如

2016 年 1 月

於屏東太武山下

目錄

第一章/背景篇

本章目錄

　　為了讓讀者更容易進入本書的閱讀，首先就我們的家庭背景進行說明，之後闡述在家教育主導者媽媽的想法，最後就在家教育的選擇，以及審核及訪視等經驗進行分析。

壹、家庭背景

　　我和先生都是高齡時才生下淑惠（非真名），當時我已超過 41 歲，爸爸更是五十好幾，加上是獨生女，所以都很寵愛。所幸的是，孩子其實不離譜，甚至有人覺得他不像獨生女。家中是單純的三人，缺乏親友的支持系統，所有照顧責任都必須由夫妻兩人彼此分攤；好處是，教育方式只要我們夫妻同意，就可以了。原先住的社區沒有與孩子年齡相近的朋友，因此在孩子中班時搬到屏東市的一個大社區。家裡距我的工作地點約單趟 40 分鐘車程，孩子在家教育期間有時會跟我去上班。家中氛圍和諧且溫馨，父母的教育理念相近，偏向人文學派，因此會尊重孩子、會與孩子討論，在學習內容的安排上也會考慮其興趣與需求。

　　我是職業婦女，在大學教育相關系所任職，專長在幼教，非常喜歡孩子；開過開放教育、生命教育、教育概論等課程，希望對生命或教育有另類的思維。曾對一個在家教育個案進行深入研究[1]，並多次擔任南部地區非學校型態實驗教育的審查與訪視委員。在考量是否在家教育時，曾因工作忙碌而猶豫，但

---

[1] 張碧如（2004）。教與學的另類可能－在家教育自主學習之個案研究。台北：五南。

在申請之後，肩負起孩子教育主導者的責任。第一年的在家教育，因為當時我還接了學校的行政工作，相當忙，當初的想法是由我每天帶孩子到學校，並由他自己學習；第二年時，因為行政職卸下來了，我的時間較有彈性，所以盡量每天早上陪他上課三小時，中午趕去學校上班；下午時間孩子可能跟著我到學校，或由先生陪伴自主學習，或到鄰居家玩，黃昏時則由爸爸接送到才藝課程，晚上我回家時再由我接手。

先生是家庭主夫，對孩子非常寵愛。一開始時沒有反對，也沒有積極想落實在家教育，但覺得去學校比較「正常」，之後，慢慢瞭解我們的在家教育內容，協助才越來越多。他平常忙於自己想做的事，但在我無法照顧孩子時會配合接手。

在孩子學習的家庭支持方面，父親本身音樂素養不錯（有專業級的吉他演奏能力）、父母的英語能力都可以（母親曾出國留學、父親曾長時間到各國旅遊）、都會一點日文、父親會一點西班牙文（曾在西班牙旅遊）；父母都曾在出版界工作過，父親曾為出版界老闆。父親的時間很有彈性，他博學多聞、喜歡種花、騎腳踏車、探索世間的有趣事物。母親大學是中文系畢業，可以支持孩子人文素養方面的學習；碩士及博士學位均主攻教育，也從事教育相關工作，可以在教育孩子過程中運用更多學理。夫妻兩人的溝通還算順暢，意見相左時，會在每天散步時進行溝通。教育理念或做決定時的任何想法，都會彼此討論，也大多能取得共識。目前孩子的教育規劃由母親主導，但因本身有工作，在執行時父親會配合協助，所以是擔任補充的照顧者角色。

淑惠是獨生女，民國 95 年底生，從小由我們夫妻共同照顧，並未聘任保母。兩歲半時進入幼兒園，總計上了四年的學校，適應狀況非常好。原本就讀媽媽工作學校的附設幼兒園，

中班時，因搬家到市區居住而轉學。在幼兒園並未額外參加才藝課程，每天單純的快快樂樂上學和回家。孩子的專注力強（學習速度比同儕稍微快一點，尤其音樂能力不錯）、有自我想法（爸媽願意讓他有自己的想法）、很重視朋友（所以朋友不跟他玩時常感到寂寞）、肌耐力稍差（有些運動表現較差）。他對學習有其偏好及想法，所以學習內容是否為其興趣，會顯著影響其學習成效；目前對所學的內容都算有興趣，學習相當快樂。平時喜歡美的事物，所以喜歡舞蹈（可以穿美美的舞蹈衣）、喜歡東畫畫西畫畫，也會自己重視穿著。音感不錯，只要會唱的歌，就可以在鋼琴上彈出單音。人際能力不錯，也算能體貼、分享，目前有幾位固定朋友（有些是體制內的，有些是在家教育的同儕），但對交友有強烈的熱情與需求，自言想要「很多很多很多朋友」。

貳、媽媽想法的解構

決定要申請在家教育，以及主導其落實的都是媽媽，所以可能要先解釋一下媽媽的背景，尤其是其思維系統。在很多人看法中，我學教育、做過在家教育研究、目前擔任在家教育的審查與訪視委員，所以應該是那個最有資格申請在家教育的人，但我想，讓我能夠做此決定，並在這條路上勇往直前的主要原因，是我不斷的解構各種想法，因此在遇到困難時，可能比一般人更有自信，以及更能自在。

我認為，很多理所當然的想法不必然是正確的，它必須先被解構、被重新思考後，才能成為較為成熟的想法，否則，這

些似是而非的想法，可能讓我們做錯判斷而不自知。所以，去上學這個理所當然的概念，也是可以被重新建構的。

談到思想解構似乎會讓人很緊張，但我認為，

思想解構不是叛逆或搞怪，更不是革命，而是把理所當然的想法做重新思考。如果思考後的想法仍是原來的想法，那表示這些想法你是真正接受，也比較適切的。人類思維被主流化的情形下，判斷或行為經常在配合大眾的走向，也因此經常缺乏檢視自己真正想法的機會。（2013.1.23）

發現想法可以解構，或許是緣自於我求學過程不是很順利、所以較容易跳脫傳統框架，並從自己的觀點來看事物。然而，網路流傳的一些遊戲或文章，也讓我對自己亂七八糟的想法更有自信。

例如，網路一個遊戲[2]的規則是：請用一筆畫完四條線，這四條線要穿連下圖之九個點，且每點只能被穿越一次。（請先想過，再翻到本章最後一頁看答案）

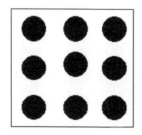

正確答案是必須跳出框框來想，但大部分的人從來沒有跨

---

[2] 跳出框框想。2015 年 6 月 21 日，取自
http://dsjh.tyc.edu.tw/~gumartin/Diary/artical/internet/two_circle.htm

出框框過，因為他們被限制住了而不自知。這個框框到底是什麼？它代表了一種先入為主且沒有經過驗證的想法。在玩過這個遊戲後，我的想法是，

> 除了這個「正確答案」之外，是否還有其他答案呢？如果你接受這個答案，而且信奉不已，那它是否又成了一個想法上的限制呢？換言之，最好的方式是建立你的懷疑本質、獨立思考的能力，以及解構、建構想法的習慣（省2012.11.26）。

　　一篇網路上的文章[3]，也讓我有很多思維。文章內容大約是：五隻猴子被關在籠子裡，實驗人員在籠子裡裝了一個自動灑水器，當猴子去拿香蕉，就會有水噴向籠子、猴子就會被噴濕。五隻猴子都試過，而且都被噴濕了，後來達到共識：不要去拿香蕉，因為有水會噴出來。

　　之後，實驗人員把一隻猴子換掉，換一隻新猴子，新猴子看到香蕉也想去拿，被四隻舊猴子打了一頓，因為他們不希望被噴濕。新猴子試了幾次都是如此，再也不敢拿香蕉了，因為他知道，拿香蕉會被打。

　　實驗人員再把另一隻舊猴子換掉，再來的新猴子的遭遇跟第一隻新猴子一樣。慢慢的，一隻隻猴子都被換掉了，最後所有舊猴子都換成了新猴子，但大家都不敢去動那根香蕉，他們都不知道為什麼，只知道如果有人想去動，就會被打。

---

[3]　林寶安（2015.2.25）。傳統的反思習慣與變遷：五隻猴子的故事。2015 年 6 月 21 日，取自
http://pnn.pts.org.tw/main/2015/05/25/%E7%BF%92%E6%85%A3%E8%88%87%E8%AE%8A%E9%81%B7%EF%BC%9A%E9%9A%BB%E7%8C%B4%E5%AD%90%E7%9A%84%E6%95%85%E4%BA%8B/

文中的最後一句話是，「這就是傳統！」

我們的很多想法，其實也都沒有經過辯證、驗證或思維過，也就是被理所當然的想法給制約了。

瞭解其他國家的教育經驗，也有助於我的思想解構。在台灣，小孩到了七歲或收到入學通知時，就要去學校報到，這是因為大家都這麼做，所以跟著如法炮製；此外，學習就是要到學校、老師就是教學者，這些似乎也在習以為常的框架中。很多國家的教育體制，以及人們對教育的想法都比我們彈性得多。「快樂長大的孩子」的可能性在這些國家的教育經驗中不斷被證實，但台灣的很多父母仍陷在怕孩子輸在起跑點的擔憂中，就是因為他們受限於舊有的經驗，無法跳脫思想的框架。

我希望自己能不斷解構與建構想法、希望自己能清楚哪些是被制約、哪些是省思過的行為，所以，在面對在家教育的決定時，我的想法還算是清楚。

參、選擇在家教育的歷程

選擇在家教育時，我和所有家長一樣都是第一次，所以一樣跌跌撞撞。首先，我思考做此選擇的原因、檢視我具備的條件，之後就預想執行的困境及因應方式。

一、選擇在家教育的思維

在雙薪、單親家庭成為社會主流、學校是最多資源匯注的

地方時，學校教育仍是目前社會不可或缺的教育選擇。只是，在這些教育方式中，我選擇了在家教育，但這並不代表我不認同學校。其實，選擇當下我做了非常多思維，包括是否要在家教育，以及在家教育該如何落實等。

（一）是否要在家教育--對學校教育體制的檢視

有些人選擇在家教育是因為對學校教育失望，因此避免讓孩子接觸學校。我不認為學校教育是飛禽猛獸，我的孩子從兩歲半開始接受了四年的學校教育洗禮、適應得也還不錯，但國民小學的某些教育設計，確實有我不喜歡的地方。

我不喜歡學校體制的地方，可以從我在大學開設的通識課程經驗中窺見。在通識課程中，修習的多是各系的一、二年級學生。問這些 18、19 歲國立科技大學學生喜不喜歡自己念的系科時，一定比例的學生是不喜歡的。其實，不喜歡讀的系科並不是什麼大事，讓人擔心的是，現在轉系比以前容易，如果不喜歡所讀系科，為什麼不轉系呢？學生的回答竟然是要轉也不知道要轉到哪裡，可見學生普遍對自己的興趣及專長不夠瞭解。那麼，是否有試圖做些什麼，來瞭解自己的興趣與專長呢，學生還是一臉茫然，可見學生的主動性，以及解決問題的能力也都不足。

這些學生到底怎麼了？在我擔心、無可奈何的同時，驚訝的想到，這些學生其實是我們的教育體制培育出來的。是怎麼樣的教育會讓學生變得如此茫然、如此被動呢？我想，學校努力的幫孩子安排學習內容、學習方式，並做了許多設計來達成學習的目標時，可能沒有想到，這些精心、努力的安排，這些試圖讓學生學得更有效率的設計，可能是讓孩子漸漸變得被動

的原因。

　　首先，打著五育均衡目標的學校教育，其實是著重在學科學習，而學科的內容又太多、太雜、太多元。「英語及鄉土語言課程增加後，擠壓到其他課程的學習時間，結果大家爭來爭去，就是沒人問孩子的意見。學這麼多，就一定更有效果嗎？學這麼多很辛苦，結果樣樣學、樣樣鬆，最後學習變得沒有動力、變得不好玩、變得學得多、忘得快。Less is more 這句話，真的要好好想一想。」（2014.3.17）當學習的東西太多時，孩子必須「分心」到每一個科目，可以投入到每個科目的時間變少了，所以學習無法深入。也就是，孩子在無法「專心」的情況下，學習變得沒有成就感。

　　其次，不管喜不喜歡，孩子就是要接受老師上課的範圍與方式。大人安排了所有學校的學習（內容、時間、方式等），孩子只能接受、不能有自己的選擇，當他們不需要自己動腦筋或主動思考時，慢慢的就變得被動了。

　　　下課鐘響後要下課，沉迷於這堂課的孩子不論如何就是要停下來，不喜歡課程的孩子則不論如何都要撐過40分鐘。當有些孩子程度較高、覺得課程內容太容易而看自己的書時，老師會善意溝通『如果大家都這麼做，很難進行規範』。結果是，有想法的孩子會更辛苦，因為當想法與大人的安排不一致時，會有很多衝撞，最好是任由大人安排、被動接受大人的規劃，反而更容易存活。……老師主導、孩子被動接受的模式，或四十分鐘一個間斷的課程設計，可能才是孩子主動性的致命傷。當接受如此教育的孩子長到18、19歲時，你怎麼期待他們能瞭解自己的興趣與專長、能有主動的能力呢？（2014.3.17）

　　有一篇文章[4]提到，老師和學生無法自由相互選擇，也許是教育問題的所在。當學生沒有機會選擇老師時，就不會去思考「什麼樣的教學適合我」、「這門課在未來有沒有價值」等問題，所以上課有沒有收獲，也不會有太多感受。當學生都是被排定的，老師就不用去爭取學生對這堂課的認同，加上學生不必然是因為興趣而來上課，老師也很難因材施教。

　　此外，李家同在他的《李家同談教育》一書中[5]提到，目前的義務教育沒有品質管制，不管教得好不好，學生都能畢業，結果學生學不好，老師也覺得沒有關係，因此造成許多孩子錯失學習的關鍵期。他也認為，台灣教育重視高成就學生，所以對幾個學生考上好學校非常在意，也很努力去達成這個目標，但美國有些學校是強調低成就學生的學習，當學生無法達到最低的學習指標時，學校就要被處罰。所以，大家的關懷就會彙集到需要協助的人，成績好的學生也更有機會學習付出。台灣重視高成就學生，未來高成就學生成為社會菁英時，所領導的人的程度大多很差，因為教育過程並未重視他們的學習；當學校重視低成就學生的學習時，高成就學生成為社會領導者時所領導的人的程度就不會太差了。

　　在這些對學校的檢視中，我體會到幾十年的教育核心其實都沒有改變，都是在競爭、在成績、在評量。我希望我孩子的未來有所不同，那他現在就需要一個不一樣的學習經驗，所以慢慢的，我做了在家教育的決定。

---

[4] 謝宇程（2015/01/30）。美術、體育不好好上也沒關係？長大之後我才知道這些「非主科」的重要。2015 年 9 月 18 日，取自 http://www.thenewslens.com/post/119682/

[5] 李家同（2010）。李家同談教育：希望有人聽我的話。台北：聯經。

（二）如何做在家教育─對自己教育理念的檢視

我最初對如何進行在家教育的想法很簡單，我相信孩子位於艾瑞克森[6]（Erik Erikson）八大發展階段的勤勉期，所以只要不把孩子的時間填滿、不要給孩子太多主導與干擾，孩子就什麼事情都可以自己來，進而達到自主學習的理想。這個想法很簡單、理念好像也不錯，但落實時才發現不是這麼容易。兩年間我不斷調整、自主學習教育的想法與做法都有了非常多的改變。之後我發現，自主學習的能力是需要引導與學習的，這些執行細節會在本書〈第三章　理論篇〉中慢慢說明。

二、申請在家教育的歷程

申請在家教育時，我其實沒有想太多，但歷程中的一些經驗與感受，對我來說都是非常重要的。

---

[6]艾瑞克森觀察到不同年齡者所生活的環境與面對的事物非常不同，如能在該年齡階段達成該時期的主要發展任務，將有助於未來的發展。6-12歲學齡兒童期的發展任務是「勤勉--自卑」，也就是該階段兒童需要拓展對世界的瞭解、繼續發展適當的性別角色認同，並學習一些應付學校生活的基本技能。基本任務是有「勤勉」意識，就是個人目標的認同和達成，如果沒有學習到勤勉意識，就會有無力感。

（一）家庭溝通與共識

夫妻兩人對在家教育有共識，那實在是太難能可貴了，大部分家庭都是在不同調中，慢慢調整出共識的。一開始，我先生是不贊成多一點。他覺得學校教育雖然有問題，但孩子就是要去經歷，很多人長大後的回憶，都是在苦中作樂的學校生活中獲得的，所以其實不必大費周章的申請在家教育。我先生小時候功課好，學校對他來說算是快樂的地方；我小時候成績普通，對學校的看法和他不同，所以很難一開始就有交集。所幸，在我的堅持下，他沒有反對，但也沒有真心同意，就是讓我去做決定。

因為在家教育的決定是源自於我，所以執行初期，我很甘願的肩負起所有責任。這個情形一直到教育模式慢慢成形、爸爸比較清楚我們在做什麼，也看到原來不去學校也一樣可以過生活後，其角色才變得不一樣。大約在進行快一年後，原本很少協助的爸爸開始接手接送工作，在約一年半時，爸爸終於同意在家教育是正確的選擇，之後的參與才越來越多。

為什麼爸爸一開始沒有主動參與呢？我的猜測是，他在不能想像在家教育該如何進行時，參與意願自然較低。在我與孩子慢慢發展出在家教育模式，孩子每天的生活也快快樂樂時，才開始認同。換言之，選擇在家教育初期夫妻不同調時，可以先由一人開始，找出模式後，另一人才可能因理解而接受。所以，有時候不用強力溝通，想做的人就先做吧。在沒有經驗時要想像，是有困難的，經歷過後，要接受會容易得多。

在執行歷程中，我不斷的讓爸爸知道我和孩子的在家教育執行情形，我想，這是爸爸能同步瞭解、進而樂於參與的原因。

我們夫妻會盡量每天散步，在散步中，我總是跟他報告孩子最近說了哪些話或做了哪些事，有任何困難也會跟他請教（請教時會強調，我只是聽他的意見，我會負起決定及執行的責任），所以，孩子是不是要轉鋼琴個別課，英語課可不可以讓孩子說想停就停等，都在我們的討論範圍。初期，爸爸用提供意見的方式來參與孩子的在家教育，但沒有實質幫忙，認同之後，因為完全知道狀況、接手起來很容易，他也很有成就感。

（二）撰寫申請書

當決定要申請在家教育時，我的做法是找幾個申請範例，然後照著自己的想法及範例格式，就寫出了申請書[7]。寫申請書可以讓自己在短時間內強迫釐清教育的想法。這個想法當然不是定下來後就一成不變，但強迫先提出一個「目前」的想法是不錯的，因為之後想法或做法的調整，還是必須從一個地方開始。

在寫申請書的時候，剛好認識一個讀音樂班姐姐的家庭。他們在分享讀音樂班的快樂經驗之後，我的申請書便把「兩年後孩子具備申請音樂班的能力」列為目標，雖然在家教育後考音樂班的想法起起伏伏，但在最後竟然走向這條路，也算是冥冥中注定。

除了音樂，我根據發展理論為孩子訂下高年級才正式學習數學的目標，簡單的加減則是隨時在生活中學習。我認為，所有學習的設計都必須符合孩子的發展階段特性，低年級孩子位於皮亞傑的前操作期與具體操作期之間[8]，該階段孩子的學習必

---

[7] 第一、二年的申請書，請參考附件。

[8] 皮亞傑的認知發展階段，包括感官動作期（出生到一歲半）、

須是具體經驗，因此抽象的數學可以放到高年級，甚至到形式操作期時再來進行，平常生活中只要做簡單的數學加減運算就好了。

雖然計畫永遠趕不上變化、雖然寫了計畫書也不見得會照著做，但因為要申請在家教育就是要先寫計畫書，所以我是用正向態度來看申請書的撰寫。其實，人生就該如此，能做選擇時，要勇敢的做自己的選擇，當沒有辦法時，就應正向的看待所面對的情境，設法接受它，然後超越它。

第二次，也就是 3-6 年級的申請計畫書撰寫時，我是把它當作研究在進行，也就是，我幾乎每天都會在跟先生聊教育、省思我的教育理念或想法後，修改一下計畫書。它花了我很長的時間，卻幫助我不斷釐清及修改觀念，我相信，這個歷程對我們在家教育的落實非常有幫助。

（三）正向看待申請在家教育的文書工作

有些家長不擅長文書工作，所以對在家教育的申請書，以及之後的學習狀況書、成果報告書等的撰寫相當反彈，甚至逃避，因而讓審查者覺得不夠用心。其實，應該要正向看待申請在家教育的文書工作，因為它是有好處的。有一天，我在撰寫成果報告的初稿時，剛好淑惠過來，我們就一起討論這半年多來經歷過的種種，然後發現，申請在家教育的文書工作只要透過適切的轉換，是可以變成很有趣的學習歷程。

孩子看到我寫的內容都是他正在從事的事情，所以主動說

前操作期（一歲半到七歲）、具體操作期（約七歲到十一歲）、形式操作期（約十二歲到十五歲）。

要抄寫這些文字一次。我讓他抄寫，然後問他這些活動好
不好玩，要不要繼續，然後，又一起做起夢來，並開始計
畫未來，及二年級時的學習內容。因為要寫成果報告了，
我就想到未來有任何活動都要記得拍照，我實在太懶了，
但為了繳報告，應該才能留下紀錄吧。發現，寫成果報告
其實有它很棒的一面。（**2014.3.10**）

　　我的文書工作的內容，包括前兩年、後四年的申請書、第一及第二年的學習狀況報告書，以及一二年級結束後的成果報告書等，都放在附件中。這不是最好的版本，因為我太忙、太懶，所以是非常簡略的記載，但希望還是能提供出來給大家參考。

（四）上路了嗎？我還沒準備好了呢！

　　什麼時候我才準備好呢？出發後，所有的事情才真正開始，沒出發，就永遠不會準備好。我認為，在家教育不是唯一的選擇，但選擇之後，唯一的路就是把所選擇的路走出一個名堂來。

　　知名諭曉的已故蘋果電腦總裁賈伯斯在對哈佛大學的演講中[9]，提到他大學時休學是他一輩子做過最棒的決定，他快30歲時被自己開創的蘋果電腦公司資遣，這也是他人生最重要的經驗。賈伯斯怎麼這麼厲害，能做出這麼多正確的人生選擇，但，真的是這樣嗎？大學休學是好的選擇，為什麼有人休學後就一路落魄？被自己的公司資遣是重要的經驗，為什麼有人就此一路潦倒？我認為，不是賈伯斯很會做選擇，而是不管他做

---

[9] Apple CEO Steve Jobs 在史丹佛大學畢業典禮中的演講。2015年 9 月 18 日，取自 http://www.oldfriend.url.tw/article/20.htm

了什麼樣的選擇，都可以將這個選擇走出一片天空。所以，選擇可能並不如我們想像的那麼重要，重要的是，如何將選擇落實。

有學生曾為了要到哪個單位實習而苦惱不已，因為選擇錯了，整個實習都會泡湯。但當學生來找我給建議時，我總是說選擇沒有對或錯，重要的是要培養能力將所選擇的路走通。任何一個單位都可以有所學習，差別是在你是不是那個會學習的人。同樣的，我在 41 歲多才初為人母，「早生晚生哪一個好」的問題常常是朋友閒聊的話題。我的答案是「都很好」，但因為我已經晚生了，所以重要的是把晚生的優點盡量發揮出來，而不是去思考早生晚生哪一個比較好。

現在在家教育申請越來越容易、每個學期都可以提出，如果遭遇困難，也隨時可以回體制，所以，重要的不是你做了在家教育的選擇，而是選擇之後如何把這條路走下去。如果真能如此，那人生還有什麼困難呢？

我這個從事在家教育研究又對教育理論有深入理解的人，在決定是否及如何在家教育時還是有很多猶豫，我想，其他家長的質疑可能會更明顯。但我發現，在沒有做之前我總是沒辦法準備好，開始之後，自然就準備好了。

肆、審查與訪視的經驗

有人認為我在教育界工作，在面對體制教育時應該不會遭遇什麼困難。其實，要面對的大環境是一樣的，所以我也遇到過審查及訪視過程中的挫折。在此呈現我的經驗，是希望家長

在遇到挫折或困難時能調整心態，因為從下而上的教育改革本來就很辛苦，唯有抱持輕鬆心態，才能在任何機會都有能量來跟不瞭解的人持續溝通。

一、審查委員職責的省思

在家教育的審查、訪視委員大多沒有在家教育或實驗教育的經驗（除了家長代表），但他們在體制教育中經常是舉足輕重的人。因為不瞭解、潛意識裡無法認同，但又面對在家教育的開放局勢，委員們提出來的建議或做出來的行為，經常和他們期望自己的開放態度相互牴觸。這是可以理解的，卻讓在家教育者難以接受，因而造成溝通上的許多困擾。其實，實驗教育三法[10]都已經通過了，審查、訪視委員們確實應該用更寬廣、接納的角度來面對進行實驗教育的人。

在 2015 年 4 月 29 日我們的在家教育訪視時，委員們一直強調現在在家教育已經開放成這樣了，所以一定會尊重家長教育選擇權的，但在對談中卻似乎不是如此。例如，他們堅持我要提供學習單、評量單、作業、檔案資料給學校，不然學校沒辦法給成績。學校沒有教到孩子、無法給成績，所以目前在家教育孩子的成績都是家長給的；家長給的成績和其他同學成績的評量基準點不同，所以這個成績不能列為班上排名；不列為

---

[10] 為鼓勵教育創新與實驗、保障學生學習權及家長教育選擇權、落實教育基本法鼓勵政府及民間辦理教育實驗之精神，教育部於 2014 年 11 月制定公布了實驗教育三法，包括「高級中等以下教育階段非學校型態實驗教育實施條例」、「學校型態實驗教育實施條例」，以及「公立國民小學及國民中學委託私人辦理條例」，也就是所謂的實驗教育三法。

排名，但還是必須給，是因為這是學校必須的程序，所以需要家長協助。那麼，家長給的成績，其實是不需要提供資料來說服學校的。委員一直強調如果我沒有提供資料給學校，一定會造成困擾，但事實上學校跟我在處理孩子成績時並沒有什麼困難。此外，我就是不喜歡體制教育的太多評量、作業，才申請在家教育的。我認為與孩子共處，透過觀察與對談來瞭解孩子的學習是最真實的；讓孩子享受學習的歷程，也會比定期評量來得重要。然後，委員們又提到要保護孩子的受教權、家長的選擇權不可以凌駕受教權之上，似乎家長如果沒有提供學校評量的資料，就是損害孩子的受教權。委員一進門就不斷表達立場，孩子就在旁邊，也準備好要彈鋼琴、說故事給他們聽了，他們理都不理。孩子學習成效如何判定的問題本來可以很多元，但在委員的心中，似乎學校那一套才是唯一的正確答案。

每天都有「專家」告訴我們必須用嚴格死板的框架來教導孩子。這些權力擁有者口口聲聲提到尊重，卻要你照著他的要求修改，可見僵化的程度。誰是在家教育的專家呢？我認為是共同經歷在家教育歷程的家長與孩子們，而有些委員，只是握有權力，並盲信自己想法是唯一正確的人而已。

我也是「專家」（我在其他縣市擔任在家教育的審查及訪視委員），但在成為在家教育的申請者之後，更清楚的體會到專家應該要更謙虛、以及更需要扮演支持者的角色。

二、體制教育本位思維的省思

在體制教育成果受到質疑、開放教育逐漸被接受的現在，以體制教育為本位、為唯一標準答案的思維並不適合，但在現

實中，這個情形還是存在。

在我們申請後四年的計畫審查會議面談時，委員要求我的評量方式要更具體。回家後，我認真思考所要進行的教育有哪些可能的評量方式。我認為台灣太重視評量、太重視現在就要看到成效，但我希望孩子快快樂樂學習，如要評量，也是在不知不覺中、用觀察的方式進行；尤其是，我只有一個孩子，不像學校老師有二十幾個孩子，所以我是可以執行觀察評量的。此外，我相信孩子現在學得不好，不代表他未來就學不會，緊迫盯人的給個成績對他的傷害可能更大，加上淑惠是聽覺型的孩子，用體制教育視覺型的設計來進行評量，更是不妥。我左思右想，最後寫了檔案評量、作業評量等。

過幾天，教育處來了一個公文，要求我的申請書的評量方式必須修改，英語的評量方式是「學習單、評量單、實作資料、相關競賽或檢定資料、及其他可顯示學習成效之檔案資料」（我的孩子已經可以用英語對談了，這不能當作成效的證明嗎？）；歷史故事的聆聽則是「系列之文章或書本的閱讀心得寫作、相關學習單或評量單、實作資料、及其他可顯示學習成效之檔案資料」（歷史的學習不能透過聆聽故事來學習嗎？）。美其名是建議，但公文的最後寫到，「修正後計畫書…寄送本府教育處承辦人員會辦；俟審查後，再予通知申請案之審查結果」，也就是，如果不依他們的建議修改，就不通過。

在這些要求的評量方式中，其實充滿了體制教育的本位思維，而且還以正式公文的方式來給家長壓力，真的非常不妥。許多在家教育家長是相對弱勢的，如此的做法，無法落實社會正義。

三、申請者需要被尊重的省思

　　有位我認為非常有理念、又很用心的家長來信，他的孩子一、二年級是進行在家教育，因為已經有經驗了，後四年就一次申請。高雄是相當尊重家長的縣市，很多家長只要是有經驗、計畫書也沒什麼問題，類似狀況的申請都是直接通過四年，但這位家長只通過兩年。這位家長質疑的是，在審查會議面談時委員沒對年限提出質疑，加上其他組類似情形的家長都通過了，所以他很難接受這個審查結果。我知道沒有辦法改變這個審查結果，但突然想到，為什麼會有因不同組別的審查，或不同縣市的申請而有完全不同的結果呢？以及，為什麼沒有管道可以申訴呢？是不是整個程序對申請家長的尊重還是不夠？此外，我也體悟到，擔任審查工作時，如可能會不通過他的申請年限，應該在面談時先告知，免得傷害了家長。

　　在與這位家長溝通之後，我在屏東的申請也遇到同樣狀況，也就是在無答辯、無預警的前提下否決四年申請，而只通過兩年。正因為我面對同樣的情境，更能感受對申請者尊重的重要性。

第 6 頁遊戲的「一個」答案。

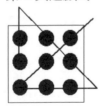

第二章/歷程篇

本章目錄

壹、消極的教育模式

一、消極教育的想法來源

二、消極教育的執行

三、消極教育模式的困境

貳、積極的教育模式

一、積極教育的想法來源

二、積極教育的執行

三、積極教育的困境

参、易子而教的模式

一、易子而教的想法來源

二、易子而教的執行

三、易子而教教育的困境

肆、伴讀的辛苦與樂趣

一、伴讀的開始

二、積極的伴讀

三、消極的伴讀

四、伴讀生活的困境

在家教育的前兩年，尤其是第一年，是個大幅、不斷改變的過程，它的困難，以及有趣的地方，也都是在這裡。在這兩年的落實期間，可以大約分出幾個階段，包括初期消極教育的落實、積極教育模式的介入、易子而教的開始，以及伴讀的辛苦與樂趣等。

壹、消極的教育模式

採取消極的教育模式，是因為我強烈認為大人主導太多時，孩子會變得被動，但在落實過程中，卻發現消極教育不是放著孩子不管就可以完成的。

一、消極教育的想法來源

淑惠七月上幼兒園的幼小銜接課程，短短一個月就學會了注音符號，然後發現孩子的學習速度真的很快，以及為什麼家長很容易將教育責任交給學校的原因。八月，淑惠四年的幼兒園生活結束，因為他曾幾次說過不想上學，我也剛好在暑假中，加上孩子的學習狀況似乎不錯（已經學會注音符號了），所以決定讓他休息一下，因此採取放牛吃草的教育模式。

所謂放牛吃草，是大人盡量不主導，而期望孩子能自動自發。這個教育背後的期望是自主學習。會採取該模式的原因，是源自我的個人經驗。我媽媽非常勤勞且多才多藝，煮飯燒菜縫製衣服都難不倒他，但我們家沒有一個孩子傳承其賢慧。為

什麼？因為媽媽都做得好好的，我們不需要會，因此錯過了許多學習的動機與機會。其次，學習的一個可能動機是匱乏[11]，也就是，現成的學習機會孩子不見得珍惜，缺乏的時候，才能促進他們去追尋。

這個想法還源自於社會心理分析學者艾瑞克森（E. Erikson）的八大發展階段論[12]，也就是，小學階段的孩子是位於勤勉期，他們的勤勉本能會讓他們主動找很多事來做，而不是偷懶。所以，如果不強力主導孩子的學習，他們就會勤勉的做想做的事，而不是花精力來適應大人的想法。

姑且不論這些例子或理論的解讀是否適切，我的想法是，如果希望孩子能自己處理所有事物，媽媽就不能太積極。所以，我們在家教育的第一階段，就是在兩個人都不積極的狀況下進行。

二、消極教育的執行（2013.8-2013.9）

一開始的執行，是我每天帶著孩子去學校，協助他適應不

---

[11] 馬斯洛認為人的需求有兩種：一為匱乏性質的需求（Deficit, D-needs），一為自我成長性質的需求。前者來自「缺乏」，如因缺水而想要喝水，這種對水的需求會因取得之後而消失。馬斯洛將前四個層次的需求都歸類為匱乏需求。

[12] 愛瑞克森的人類發展八大階段包括：（1）信任對不信任，0-1歲；（2）自主行動對羞怯懷疑，1-3歲；（3）自動自發對退縮愧疚，3-6歲；（4）勤奮進取對自貶自卑，6歲-青春期；（5）自我統合對角色混亂，青春期；（6）友愛親密對孤僻疏離，成年期；（7）精力充沛對遲鈍頹廢，中年期；（8）完美無缺對悲觀絕望，老年期。

熟悉的環境後，就讓他自己來吧。我想，農業社會中，孩子每天跟著父母到農田，日子久了就學會農事了，所以我把孩子帶在身邊，孩子應該也可以學習怎麼當一位大學老師吧（開玩笑的）。

首先，我將研究室整理出一個小小的、屬於孩子的專屬空間，包括一張小床、一張書桌、一個小架子的繪本。此外，我引導他去餐廳點餐、到書局購物、在便利商店取得所需東西，並讓他認識系辦公室的阿姨叔叔，也讓同事知道我在進行在家教育，希望有狀況時，大家可以協助。

開始時，孩子很乖的在研究室裡待著，我也盡量陪他。很快的，他開始出去探險，我也開始有忙不完的事。有一次，一位老師帶著孩子來找我，說孩子迷路了，但懂得敲門，並清楚告知我的名字，所以他可以順利的帶孩子回來；從這件事，我知道孩子懂得求助。又有一次，他到學校書局選購文具，我答應 15 分鐘後去結帳，10 分鐘後老闆來電，說孩子在找媽媽，我馬上衝過去，他就省了等我的時間；從這個事件，我知道孩子有他的小聰明可以解決問題。除此之外，我還發現孩子行事謹慎、不會莽撞。因為這些觀察，讓我更放心的讓他自己去闖。

不過，在孩子什麼都學習自己來的同時，他確實是很容易犯錯的。我相信，因為犯錯的經驗，讓我有機會教育他，他就更能知道如何應對進退了，所以我是以正向的心態來看待他的犯錯。

美麗姊姊（我的一位同事，假名）告訴我，孩子在沒有經過他人同意情形下，會自己去拿文具來用。因為這個機會，我可以跟孩子提醒要用別人的東西時要先問過，就算上次人家已經答應過了，每次要用的時候都要問一次。

（2013.9.11）

2013 年 10 月發現孩子在我的本子上畫了一位胸部過大的女性，因為他在網路上看到了限制級的卡通。這個機會讓我可以跟孩子說明使用網路的注意事項。

今天下課回來，他還在看卡通，我再次跟他囉嗦，他說以後會盡量看少一點。後來，在我的記事本中，竟然有個胸部很大的女生的塗鴉（真是服了他，畫得還真是不錯）。我沒有太強烈的情緒起伏，但拿塗鴉給他看，並問他是否有看一些胸部很大的卡通。他用興奮的語氣和眼神說，「他的奶奶比媽媽的大很多」。我覺得又好笑又好氣，然後淡淡的跟他說明限制級卡通的意義，以及卡通對身體某些部位大小的誇張。我想，我必須開始注意他看的影片了。
（2013.10.17）

就算我能正向看待孩子的犯錯，但消極教育模式的落實仍讓我有點擔心，也就是，孩子除了玩，應該還是要學些東西吧，所以「玩樂中學習」的想法進入我的腦中。我想到，孩子從小就喜歡《巧連智》雜誌，而且一直是使用別人用過後送給我們的，孩子偶爾會遺憾書上的貼紙被貼過了，或遊戲已經被玩過了。所以，我訂購巧連智，讓他每個月都能固定收到自己的全新教材。我們每天上、下學的交通時間超過一小時，剛好可以在車上聽 CD。至於巧連智的書本和練習本，我還是採取放牛吃草的方式隨他自己讀，孩子對練習本的興趣缺缺，我也沒勉強。此外，我還幫孩子準備了全套的部訂教科書及測驗卷，希望孩子能自己看，我甚至還試圖引導，但他也沒什麼興趣。

三、消極教育模式的困境

落實消極教育的結果並不如想像的順利，孩子變得經常喊「無聊」，也沉迷在電視及網路中，這些消極教育模式遭遇的困難。

（一）無聊

放牛吃草教育模式遭遇的第一個困境，是孩子在探索新環境的新鮮度退去後，開始會跟我喊無聊。

孩子喊無聊，我的反應是鼓勵及建議他看繪本或畫畫，或者可以寫卡片給朋友。為了減少他的無聊，我還特地挪空陪他。隨著開學後工作越來越忙，我可以陪的時間越來越少，但他的需求似乎越來越多，到後來，我的生活簡直亂得不得了，每天要陪他，不陪他，他馬上就喊無聊。

我確實是相當忙，孩子一個人在我研究室裡也確實很可憐。就在忙得不可開交，以及對孩子愧疚的天人交戰時，我開始質疑當初在家教育的決定是否正確，也開始懷疑孩子是不是能夠自主學習。

有幾次，實在無法分身，我只能狠心的跟孩子說，「你的無聊必須自己處理」，然後就去上課了（覺得好像我在拋棄孩子）。之後發現，當協助孩子處理無聊時，他的無聊議題會不斷延燒，但當拒絕協助時，他偶爾可以從容不迫的解決困境，並找出自己想做的事。

上了四小時的課〔8:10-12:00〕，緊接著開兩個會，回到研究室時，已經快四點了。本來很擔心孩子的生活該如何過，尤其最近他一直喊無聊，但回到研究室時，他竟然在做禮物和卡片。看他完全的投入，我好高興的投入我的工作中〔已經很久沒能做事，所以趕快做〕，幾次提醒他該回家了，他一直說等一下。等他完成工作時，已經六點半了（平常回家的時間是五點半），然後發現，無聊可能不如我們想的那麼不好，但當孩子喊無聊，大人設法去填補、期望消除無聊時，無聊無法去除，甚至會成為一個藉口、一個工具。其實，無聊應該是很重要的，當孩子無聊到受不了，又沒有大人可以依賴時，他就會開始找到他想做的事（2013.10.12）。

讓孩子覺得無聊，甚至讓無聊持續一段時間可能是重要的，而自詡很有理念的我和所有家長一樣會擔心孩子無聊、會想介入、會試圖去幫助他。另外，我也發現孩子喊無聊時，他的意思可能跟我們大人的理解不一樣，那可能是一種「我現在沒有事情做」的宣示，而不是無法排遣的無聊，所以大人其實是不必太急著去處理的。雖然我的想法還算清楚，但每天面對摯愛孩子的無聊攻勢，還真是個考驗。

（二）沉迷電視與網路

孩子出生後，我就努力讓他遠離電視與網路，但在學校裡網路實在太方便了，加上我又忙，從來沒接觸過網路的孩子開始接觸，尤其發現只要上 Youtube、輸入關鍵字，就可以看到所有卡通。他說，這麼多卡通實在太有趣了，最讓我受不了的

是，我去上課或開會回到研究室時，他總是在看卡通。

我告訴孩子看太多電腦的缺點，以及可以用看電腦的時間做其他活動的優點。然後，我們討論一天看多少電腦可以被接受。對於這點，我們的觀點非常不一樣。我認為一天可以看一個小時的電腦，他則認為應該要看四小時。

看他一副不在乎的表情，我知道他應該覺得我又在說教了。想想也確實是，母親真是難為。……他很可愛，竟然說一天看四小時電腦最好，當然我沒接受，並提出我的理由（又在說教、囉嗦了）。最後決定是一天一小時，最多兩個小時。決定是我下的，但我還詢問孩子的意見，發現自己有點虛偽。（2013.10.12）

我如此處理其實沒什麼立即成效。我不希望用權威來要求孩子，也不希望成為說教的媽媽，所以每次孩子觸犯規範時，會苦口婆心的勸或生個小氣，然後再嘮叨、說教一下。雖然成效不好，但因為孩子必須學習自我管理，我只好提醒自己不斷溝通可以幫助孩子建立相關的認知與概念，以及，孩子是具有自我管理能力的，只是目前還沒準備好而已。當時，其時我是沒什麼信心的。

貳、積極的教育模式

當消極教育落實有困難，我自然而然的轉向積極主動的教育模式，但過程中，也發現不是如我想像的「設定一個刺激，

就能期待一個反應」那麼簡單。

一、積極教育的想法來源

十月，發生兩件事，讓我對原本放牛吃草的模式進行檢討。

首先，我帶孩子到學校繪本圖書館借書，選定書後請孩子登記借書書目，才發現注音符號已經學得差不多的他，在寫國字上竟有很大困難。後來想到，中國字真的很難學習，很多孩子都是花了兩三年才對國字熟悉，所以真的不必急，但在還沒想過這些問題的當下，我確實相當震驚，並立刻思考是否應該讓孩子練習寫字，就像我小時候一個字寫一行。

另一件事是，我心血來潮寫了封信給已經三四年沒聯絡的美國教授，才發現 90 多歲的他還健在，因此決定要去拜訪；孩子一直跟著我，所以也決定帶他去。因為這個決定，孩子必須開始學英語，但該怎麼學呢？我的英語不錯，又是學教育的，我想，就從我教他開始吧。

二、積極教育的執行（2013.11-2013.12）

為了面對孩子的寫字困難、解決孩子英語的學習問題，並避免第一階段放牛吃草教育模式遭遇的困境，我積極介入孩子的學習，並扮演主導者角色。這時我做了一些大改變，包括讓他每周回校一天、設計學習作業等。

（一）與學校接觸

十月中的一個決定，是與孩子討論後，要回學校上一天的課。做這個決定並不是因為放牛吃草教育所遇到的困難，而是周二早上我有四堂課，孩子一大早就被丟著不管，有時候中午開會，丟個便當給他，見面時已是下午兩點多，而他已經看了五、六個小時的卡通了。想想，與其讓孩子這樣過日子，加上學校也沒什麼不好，在與孩子溝通後開始與學校聯絡。我想，回學校可以多些同儕互動，孩子可以瞭解學校使用教科書的情形，希望有助於他在部定教科書上的自學（否則我買的學校教科書他連翻都不翻）。

學校很友善，也提供很多協助，甚至給我們許多方便。例如，孩子喜歡畫畫課，班上周二沒有畫畫課，學校同意孩子下午的兩堂課到其他班級上課；其他如吃午餐、服裝、到校時間等，也都給予很大的彈性與協助。在這個情形下，我反而擔心是否享受太多特權了。

> 聽說他今天又很晚去……。爸爸捨不得叫孩子起床，所以去的時候剛好趕上上課，也不用掃地或升旗。我甚至發現，我幫他準備的類似運動服顏色的衣服沒穿，我想，應該是愛漂亮的他發現穿漂亮衣服去老師也不會說話，所以開始搭配自己想穿的衣服。我有點擔心是不是享受太多特權了，但爸爸和他都很自在，加上不是我接送的，學校也沒說什麼，所以，就隨他們去吧。（2013.11.21）

每次去學校回來，孩子都表示很好玩，老師也說他適應良

好，但問他是否願意多去幾天時，他總是斷然拒絕。他說上學一天剛剛好，多一天就會很無聊。所以，孩子到校一天的模式，就在我周二很忙碌的狀況下進行。

除了回學校，我還安排了教會的周日主日學活動，希望孩子能多些人際互動。後來想想，做這些安排是因為初落實在家教育時的資源與支援都非常少，只能就可以努力的地方努力，但在後期，當資源越來越多時，會意識到當初真的是太急了。由此發現，在家教育方式與內容的探索真的需要時間，以及，在家教育者的支持系統真的非常重要。

（二）作業的設計與落實

寫字這麼重要，但孩子不會；美國之行越來越近，孩子的英語程度還是零。在這個如火如荼的時候，我卻在這裡採行放牛吃草的教育方式，而孩子則每天喊無聊、學習進度緩慢不前。所以，我一百八十度調整我的做法，很努力的設計作業來讓孩子學習。

我的作業當初自認為是相當有創意的。第一個作業是學習自我紀錄。首先，孩子要自學，就必須建立時間觀念及自我規畫的習慣，所以我設計自我記錄本，讓孩子每天記錄今天的日期及天氣。我還將到出國前的日程表列印出來，讓孩子知道未來的規劃及時間的意義。在這些記錄中，除了中文記錄，我還讓孩子用英語做記錄，期望他能在每天的使用中提升英語能力。我列印出寫自我紀錄簿可能用得到的字彙中英對照表，讓孩子照著仿寫英語單字，內容包括星期、月份、天氣等。第二個作業是中英語寫字。中文字每天 10 個字，共寫 6 次。10 個字是孩子決定要寫的內容，如「我愛小貓咪」、「今天真無聊」。英語

每天寫 6 句話，仿寫 3 次，內容是由我來決定，如「I am Rose」「How are you today?」。

為了落實作業的書寫，我每天花大約 30 分鐘時間協助孩子填寫學習記錄表，並決定中英語的作業內容。為了強化作業成效，我還設計了點數活動，當孩子完成某個作業時，就給他幾個漂亮顏色的小點點，以強化下次完成作業的動力。有時為了獎勵他，我主動增加額外的點數，反正我有上千個點點可以用。

三、積極教育的困境

積極教育的結果確實可以讓孩子按時寫作業，偶爾也確實可以讓他多做些作業。因為我有讓孩子每天忙、會以為孩子有在學習，所以覺得安心，並以為我有盡到責任，但慢慢的，這樣的方式產生了兩種我不喜歡的狀況。

（一）被動

我發現，當我積極引導、主導孩子的學習時，孩子變得越來越被動了。首先，我每天必須花很多時間盯著孩子寫功課，當他不想寫時，我必須慫恿他、鼓勵他、提醒他。我的工作無法讓我花這麼多時間陪他，而且，他越來越被動，連爸爸都看不過去，甚至質疑在家教育的決定是否正確。

爸：孩子就是被動，沒辦法。你看，叫他寫功課，也不寫，叫他去鄰居家（在家教育家庭），也不去，每天不知道在做

什麼。我真的覺得在家教育根本不是辦法……。這就是我們的孩子，也沒關係，因為就是順著孩子的性發展，只是要去接受這就是我們的孩子……（2013.11.24）

（二）價值觀的改變

在學習被動，但很希望得到點數的狀況下，孩子的價值觀似乎也改變了。例如，孩子會跟我談條件，他一天到晚在問做什麼功課可以換幾個點，以及集幾個點可以換什麼禮物。我發現我好像變成生意人，每天都在跟孩子談條件、鬥心機。在這樣的模式下，孩子總是勉為其難的完成作業，然後興致勃勃的關心點數的交易。

我終於被徹底的打敗了。我花太多時間來鼓勵與慫恿孩子完成這些作業、花太多精力跟孩子討價還價，而且，我還必須承認，我這麼辛苦的教英語，孩子的英語卻完全沒有進步。（2013.12.4）

會變成這樣的局勢，可能是我的人格特質不適合落實強迫教育，所以造成孩子有空間可以談條件。例如，當我規定他在我學校要寫作業、他就規定我在家裡不可以講英語，我覺得每個人提出一個規定很公平，所以就必須面對他永無止境的討價還價。雖然我希望尊重孩子，但在孩子還愛玩、自制力不夠的階段，這個尊重會讓學習都有討價還價的空間。

參、易子而教的模式

之後，我找尋才藝課程的老師來教我的孩子，這是到目前為止都進行得不錯的方式，但孩子除了上才藝課程外，什麼才是我理想中的教育方式，仍是我在思考的。

一、易子而教的想法來源

41 歲了，在沒有傳宗接代壓力下我還生了個孩子，就是希望能享受與孩子的互動；孩子終於要進入義務教育了卻還申請在家教育，就是希望能營造我希望的教育內涵。但在積極教育的不斷努力與嘗試之後，我的壓力似乎越來越大。孩子問我為什麼所有事情都要快快快，我總有千百個理由，比如「是因為你的速度太慢啦」、「這樣我可以做更多事啦」，但想想，孩子從來不急，他們的生活不也一樣繼續？之後，我試著放慢腳步，但因為壓力還是在，不久又故態萌發。這段期間我常常趕來趕去，偶爾還會發個脾氣，所以經常是我在做調整、在說對不起，而這個內省與愧疚，讓我的壓力似乎又更大了。

為了減緩壓力，我首先決定不要再當老師了，又因為當初的最大壓力是英語（因為再半年後就要去美國了），所以我開始幫淑惠找尋英語老師。在終於找到一位還不錯的外籍英語師資後，因為易子而教，我不必再跟孩子大小聲、不必經常的自我內疚，也不必擔心孩子的學習，從此我的功能更大了，那就是，我可以將精力放在孩子的品格養成，也更能平心靜氣的陪伴孩子。重點是，我和孩子之間的互動氛圍，似乎也越來越好了。

二、易子而教的執行（**2014.1-2014.7**）

　　在易子而教模式下，我決定開始利用才藝課程的資源，但要如何安排才不會太過依賴、甚至產生反效果，確實經過很多思考。最後，我整理出幾個選擇才藝課程的原則，以為安排時的自我參考。

（一）開始利用才藝課程

　　英語及日語等才藝課程的學費比我預期的要便宜，孩子學得也比我期待的還要開心，才發現坊間的才藝課程原來是非常好用的資源。父母不可能什麼都會，尤其當教育是著重在孩子興趣時，會發現孩子興趣經常超越父母的經驗與能力，所以在家教育如能找到適切才藝課程來補足家長的不足，孩子的學習可以更多元。此外，孩子跟父母太熟了，會賴皮，所以很多要求執行不下去，不僅學習沒執行好，父母與孩子的關係還可能惡化。因此發現，積極教育階段遭遇的困擾，包括有些孩子想學的東西我無法幫助（例如日語的學習）、我沒有時間教孩子、孩子不聽媽媽的話等，原來都可以利用坊間才藝課程來解決。也就是，利用才藝課程，可以分攤家長責任、減輕家長壓力，甚至減少親子間的衝突。

　　另一個發現是，因為同類型的坊間才藝課程非常多，每個才藝班都必須很用心才能吸引學生就讀，所以教學成效大多不錯，加上要上哪家才藝課程父母及孩子可以做決定，所以更容易找到適合孩子、孩子也學得有興趣的課程。在學校，每門課

的老師都是學校安排的，上得好不好父母大多不知道，或者知道了，也只能接受這個安排。離開學校後，我可以為孩子選擇老師，也可以選擇是否要上某些課程；因為可以自行選擇，更容易找到符合孩子需求與興趣的適性發展資源。

因為有這些體會，從此，我決定要善加利用坊間才藝課程，來協助我們在家教育的進行。

（二）選擇才藝課程的原則

在家教育的一個很大優點，是孩子的時間很多。學校的孩子因為每天要花在學校很長的時間，隨便安排一些才藝課程就會非常忙。在家教育的孩子白天永遠有很多時間，晚上的才藝課程反而讓他有喘氣的機會。但是，在才藝班很便利的前提下，孩子要學哪些才藝、要學多少才藝、學才藝過程中該如何協助等問題，可能更需要思考。

1. 要考量經費

我選擇的才藝課程盡量是找不要太貴的，尤其是在學習的最初階段。現在孩子學的才藝很多，在家教育孩子因為時間較充裕而可能更多，所以，累積起來的費用相當可觀。因為不貴，家長負擔得起，就不會有壓力，也不會將壓力轉嫁給孩子，孩子才可以輕鬆的學習。有些社區大學的課程很便宜，初學才藝是可以利用這些社區資源的，等孩子有基礎後，再來找更好的老師、付更高的學費。

2. 要依兒童發展階段來進行選擇

　　我會透過對兒童發展理論的理解，來做為選擇才藝課程的依據。孩子在一年級時曾提到希望學習舞蹈及畫畫，我則希望他晚幾年再學。晚點學畫畫，是因為孩子一、二年級的發展是在圖示期後端，這時的繪畫不需要太多技巧，可以等進入擬似寫實期[13]、需要繪畫技巧時再來上課就好，所以大概要等到四年級吧。至於晚點學舞蹈，是因為舞蹈是配合音樂與節奏的肢體動作、需要很多音樂基礎，所以應先學音樂與節奏，再來練習肢體動作；林懷民也是十幾歲才開始跳舞，所以應該也不晚。這些先後順序的考量，其實都源自於我不希望孩子太忙，在必須抉擇的情形下，只好做出此選擇。但在二年級時，淑惠已經因為堅持而開始了舞蹈課程，甚至轉化為花式直排輪，至於繪畫課，則因為一直找不到適合師資而延宕。

3. 要協助孩子提升學習成效

　　另一個節省花費的方式，是設法讓孩子的才藝課程學得有成效、學得物超所值，所以家長就必須付出心力的陪伴與參與，來協助孩子提升其學習成效。有些家長讓孩子參加很多課程，並認為願意花錢及時間接送就有盡到家長的責任，其實，才藝課程是補充性的教育資源，它不能取代家長的角色，陪著孩子

---

　　[13]羅恩費爾（V. Lowenfeld）採用 Erikson 的社會心理發展觀，將兒童繪畫發展階段區分為：塗鴉期、前圖示期、圖示期、擬似寫實期或群黨期、決定期。圖式期（7-9 歲）的孩子主要是提供他們快樂的繪畫經驗及繪畫媒材經驗，當進入擬似寫實期或群黨期（9-11 歲）時，對技巧才有所需求。

利用才藝教室資源進行學習與成長,才是重點所在。

4. 要讓孩子參與選擇

在做才藝課程的決定時,我會跟孩子說明我的想法、分析選擇的利弊,並試圖讓他瞭解及認同。我相信,當孩子認同所選擇的才藝課程時,學習動力才會高。孩子在這個階段是很容易被說服的,所以我還是用了大人的優勢、孩子還是被左右,但聆聽大人對選擇的看法,並從中學習,未嘗不是參與自己生涯規畫的開始。

5. 不要安排得太滿

在家教育的一個好處是孩子的時間很多、很有彈性、可以有更多安排,但可能要更謹慎的安排。簡單的說,當時間被填得太滿時,孩子沒有時間做自己想做的事,只能被動地將滿滿的功課表完成,他們會疲於奔命,並陷入學校教育「太多」的循環裡。我希望我們的在家教育是自主學習模式,所以堅持不幫孩子同時安排太多課程,好讓他有很多自主時間來自我探索、自我嘗試。英語中「less is more」這句話,一直是我安排才藝課程時的重要原則。

三、易子而教教育的困境

在一年級快結束、似乎一切都很順利時,孩子講了幾次他只想繼續學鋼琴和日語,英語和學校都不想去了。不想去學校,

是覺得課程無聊；不想去英語才藝課，是因為同學年齡比他小很多、覺得上課重複性太高。此外，他還提到他不喜歡看書，只喜歡看電視，所以以後不要閱讀課，就天天上電視課好了。我嘗試規畫下學期到學校參加社團活動，但學校社團很少，低年級可以參加的更少。此時，距七月到美國的時間越來越近，就決定先將就著過日子，等美國回來再重整旗鼓。

肆、伴讀的辛苦與樂趣

剛從美國回來，我突然接獲不續接行政的通知，生活重心驟然消失，所以決定彌補孩子，並開始花時間來進行在家教育。初期，我投入相當多的時間與精力，也在不斷修正中發現父母伴讀的辛苦，以及背後潛藏的極大快樂。這個階段我是以早上三個小時的父母伴讀、下午孩子自主學習、晚上參加才藝課程的模式在進行，包括了以下幾個階段。

一、伴讀的開始（2014.8-2014.9）

剛從美國回來時，孩子還是堅持英語課及學校都不想再去了，我則因為日語課的交通接送太遠，決定除了鋼琴課，所有才藝課都暫停。這時，似乎一切回到原點。因為孩子還小、無法自己安排，只好再由我來規劃課程。此時我對如何引導沒有什麼概念，只能上天下海的找方法，但似乎都不太對，但因為投入多了，才發現經過一年在家教育，淑惠的閱讀興趣不高、

寫字能力也不好，加上去美國時英語沒什麼進步，讓我決定從英語及國語文的加強開始。

我首先尋求讀經的方法來協助孩子學習英語及國語文，也買了經典的圖書及 CD，並照著問到的方式陪孩子誦讀。一、兩個禮拜後孩子變得興趣缺缺，可能的原因是我們是到二年級時才開始讀經、淑惠又是個有主見的孩子，加上我完全沒接觸過讀經教育、不確定我的方法對不對。換言之，比較有主見、年紀較大的孩子在執行讀經教育時可能會遇到困難，而土法煉鋼的引導方式，也可能不是很適切。

之後，我又找些坊間的英語及國語文教材，並進行由我來主導的課程，但孩子還是不喜歡。這時，剛好朋友的小孩有參加舞蹈才藝課、邀請淑惠也參加，加上社區大學有便宜的小提琴課，所以孩子新增了這兩個才藝課程。

這段時間，我一直尋尋覓覓，一下覺得好像找到方法了，然後馬上又需要再另外找其他方法。不過，因為投入時間與精力、知道一定會慢慢進入狀況，所以感覺還算踏實。

二、積極的伴讀（2014.10-2014.12）

慢慢的，我似乎找到方法，雖然還是要經常調整，但大方向已經比較清楚了。首先，我發現孩子對我說的「上課」沒概念，他習慣邊玩邊學，只要我的視線離開，他就很開心的玩起來，所以我是以盯著孩子的方式來進行伴讀。這個階段每天早上上課三小時，一周四次課程，下午則是讓孩子做任何想做的事。設定的課程包括樂器練習、國語文課、外語課，但因為三小時的時間不長，中間又有休息，所以樂器是每天練習，國語

文與外語課則是每隔一、兩周後交替出現。在課程中，我盡量不做其他事，而是完全陪孩子，因為我發現，

> 只要我坐在旁邊，他就能專心上課；我去倒水或掃地，他的心思就會飄掉。我希望孩子能習慣專注，所以決定盡量陪他，讓他只要是上課時間，就是專注地學。此外，我希望孩子在學習成效提升後能有自信，也有學習的興趣，透過陪他及協助他專注，期望能進入學習的良性循環。」
> （2014.12.7）

之後發現，在學理上，我似乎正在扮演著維高斯基的鷹架[14]角色。

在國語文方面，對於淑惠閱讀及寫字能力不好的問題，我的心態是，既然沒有閱讀興趣，那就用聽的吧，任何方式，只要能讓孩子持續學習就可以了。而且，我自己的閱讀習慣也是到國中之後才開始，所以淑惠晚點開始應該也沒問題吧。那麼，要聽什麼故事呢？我喜歡歷史，也覺得歷史難懂但歷史故事很有趣，所以決定聽歷史故事。之後，我買了《吳姐姐講歷史故事》套書，並由我來讀故事給孩子聽。此外，我希望孩子還是能學習閱讀、寫字，所以設計了成語課，讓他在每天學一個成語（之後增加到四個）時，順便閱讀例句（例句的字如果太多，就由我來讀），並抄寫成語（每個成語抄寫五次）。也就是，我

---

[14]　蘇聯心理學家維高斯基（Lev S. Vygotsky, 1896～1934）認為，兒童在成人或同儕社會支持下學習的效果更好，但當兒童能力增強後，這個社會支持就可以逐漸減少，並將學習的責任逐漸轉移到兒童自己身上。因此，教師必須在師生互動中扮演社會支持者的角色，才能適切協助兒童學習。如此的學習支持理念，跟蓋房子時要蓋鷹架的作用一樣，因此稱為「鷹架支持」（scaffolding）。

引導孩子進行微量的閱讀及寫字。

在外語方面,我找到一些很有趣的英語及日語教材,然後盯著孩子重複聽 CD,再依循讀經方法讓孩子朗讀出來。孩子聽得有點辛苦、讀得也有點辛苦,所幸當時使用的教材很有趣、孩子非常喜歡,所以還算能穩定進行,而我的要求也沒有很高,只要孩子定期使用這些教材就好了。

儘管成效不明顯,但可能是我投入的時間較多了,孩子的學習節奏是穩定的,而我們的家庭關係,也在彼此互動更多的狀況下越來越親密。

三、消極的伴讀(2015.1.-2015.6)

成語課進行約兩個月後,孩子變得沒興趣,所以中止了,歷史故事則因為找到已錄製好的坊間歷史故事 CD(魔鏡公公講歷史故事等)、不需由我讀給孩子聽了,變成在車上及睡前聽,並沒有正式課程。所以,三小時的課程只需進行樂器練習與外語學習,時間充裕了許多。但此時,我們的伴讀生活又有了改變,也就是變得相當鬆散。

首先,陪伴孩子進行自主學習會需要很多教學資源,之前買過學校教材及坊間圖書,孩子興趣都不是很高,在觀察到孩子喜歡在網路上自行搜尋,網路上也確實有很棒的資源後,我決定在二上升二下的寒假在家裡裝設網路。雖然擔心孩子會網路成癮,但更期望孩子透過接觸時的父母引導,而知道如何善用網路資源。

裝設網路的初期,孩子生活亂七八糟的,但在引導他找尋資料後,他開始知道網路是可以善用的,就算偶爾還是會看些

有的沒的的東西，大體上不會太離譜，甚至還學會了基本的中打及英打。一位朋友說，他們家沒有電視、沒有網路，孩子還是知道所有流行的歌曲或遊戲，要完全斷絕大環境的接觸很困難。所以我決定，與其切斷，不如引導。我不斷找尋有趣的網路教學資源，讓孩子更願意接觸；當孩子對某些網路教材不再有興趣時，我就趕快再找其他教材，當孩子喜歡教材時，我又試圖讓他自己學習，並減少我的陪伴時間。

其次，二年級下學期，因為爸爸的堅持，我們做了讓淑惠去考音樂班的決定。因為是用小提琴考、練得比較勤，相較鋼琴的關注變得較少，其他課程的進行也不是很積極。

最後，生活上的細節，也讓學習變得比較不是那麼嚴肅。例如，我非常重視孩子要睡飽，經常拖到課程開始的時間，上課時間因此變短，有時還會有個「大家開心的一天」。又例如，二下的四月底，我們與一個在家教育家庭熟識後，孩子天天去他們家玩，學習有點耽誤了。雖然學習只是孩子生活中的一部分、人際互動也非常重要，但生活節奏較亂、課程的進行也比較鬆散，該如何調整卻是需要思考的。

四、伴讀生活的困境

伴讀的教育模式是執行到目前為止最順利的，也就是，孩子有父母的引導、有自己的學習時間、家庭氛圍非常好、孩子也能持續成長。但過程中，仍發現一些困難。

（一）轉移到自主學習的挑戰

陪著孩子學習是很辛苦的，當我忙時，課程就必須停頓，加上我又經常會很忙，所以一直很希望孩子能夠學習自己來。自主學習是我根深蒂固的教育理想，所以如何調整孩子在其學習中的主動角色，是我一直在思考，以及發現是我必須再更耐性等待的。

在家教育的最初期，我嘗試自主學習教育（消極教育），卻發現困難重重，然後體會到孩子的成熟是慢慢累積的，自主學習能力也需要在父母引導、陪伴的過程中慢慢發展。二年級孩子還沒有足夠的自主能力、要他自主學習是有困難的，但透過陪伴，可以讓他現階段的學習盡量穩定，而這些穩定的成長與訓練，可以培養他未來自主學習時需要的相關知能、習慣及態度。也就是，孩子自主能力可能要到小學五、六年級才具備，但如果沒有現在的訓練，年齡的成熟是不必然發展出自主學習能力的。

（二）轉移到非正式課程的挑戰

這個階段的伴讀是比較正式的課程模式，也就是有固定時間，以及用比較嚴肅的方式在盯著孩子學習。就算是消極伴讀階段，也只是正式課程執行得比較不嚴格而已。換言之，伴讀到這個階段，學習似乎變得制式化。我期望孩子能喜歡、享受學習，但教學方式卻偏向正式、嚴肅。其實，輕鬆地躺在床上看書、聊聊看書的心得、到處走走、談談天、做做夢等非正式的互動方式，對孩子的影響可能會更深遠。所以未來，我應該

會在正式課程之外也重視非正式課程的進行，我希望孩子的學習能夠很自由、很自主、很生活化，甚至能夠成為一種生活態度。

（三）未來就讀音樂班可能面臨的改變

淑惠考上了音樂班，並計畫在三年級時去上音樂班的專業課程，一般學科的學習還是在家中進行。我們有開心，也有擔心。首先，孩子越來越習慣自主學習，能否適應學校的教學或生活模式不是很確定。此外，孩子興趣越來越廣，就讀音樂班又是爸爸的決定，孩子願不願意專注在音樂的學習也不清楚。也就是，在伴讀學習模式越來越順利的時候加入音樂班，有很多不確定性及需要調整的地方。在這些過程中，我發現孩子的教育並不是單一方式在進行，而是不斷的改變與調整；大人的角色，就是要陪伴孩子經歷這些改變與調整。因為有足夠的陪伴，以及在陪伴過程中的言教與身教，未來，孩子才有能力去自己調整與適應這些改變。

第三章/**理念篇**

本章目錄

我們家的在家教育的落實，主要包括生活學習、自主學習，以及專業學習等三個部分。教育理念就是基於這個三架構來發展的。

壹、緒論

在說明我們的在家教育理念之前，首先整理出二下所撰寫的後四年在家教育申請書的內容（有持續修正），包括教育目的及教育方式，以做為之後分段說明我們一、二年級教育理念與落實的基礎。首先，我們的在家教育的目的有三項。

透過家庭互動、人際互動等「生活學習」，以營造良好家庭氛圍、強化學習型家庭功能、薰陶孩子的品格與習慣，並建立其溝通協調、問題解決等能力。

透過孩子自我主導、自我規劃與自我發展等「自主學習」練習，以養成其自動自發、自我負責等品格與習慣；高年級時逐步增加主題式課程的自主學習比重，讓孩子可以結合生活與學習、能自主蒐集資料、解決問題，並系統性的深化學習。此外，也藉此認識自己的興趣與能力。

透過教師教導、父母陪讀、孩子自學等方式來進行「專業學習」，以達到適性發展、充分發揮的目標，包括滿足個別化的音樂需求（音樂）、培養國際化的語言能力（外語）、養成人文素養（歷史、閱讀寫字）、訓練體能（舞蹈、花式直排輪）等。

為了達成以上教育目標，我們是透過三方面的學習來達成。

在「**生活學習**」方面。生活學習的重點，主要在重視人格培養與人際能力的學習。在人格培養方面，因為是屬於潛在課程、無法事前規畫，也沒有具體的教學方式及成效評量，端看主教者是否重視，以及是否能在生活中點點滴滴落實。目前主要是透過父母在生活陪伴過程中的提醒、問題發生時/處理後的分享、父母的身教與言教、歷史故事中的典範說明等來進行。在人際互動上，重視家人關係的營造，以為人際發展的基礎。在對外的人際關係上，除了同年齡的同儕互動外，更有與大人互動的練習，符合社會中真實人際互動的情境。

在「**自主學習**」方面。自主學習的重點，主要是透過讓孩子擁有足夠的時間與自由，以從事自己想做的事情的方式來落實，並希望孩子在探索興趣與專長的同時，能養成主動學習、獨立完成、負責認真的能力與態度，也讓學習面向能不受限於父母的經驗而更多元。在低年級與中年級時，孩子的自主學習以父母陪伴為主，高年級時期望孩子能慢慢自己來，並在父母的支持與協助下，發展出主題式課程的自主學習能力。

在「**專業學習**」方面。專業學習的重點，主要包括音樂、外語、人文素養、體能。首先，一、二年級的教育模式重視音樂與外語課程，重視音樂是源自孩子的音樂敏感度相當好，因此參與鋼琴及小提琴等才藝課程；重視外語是因為孩子現階段適合進行該項學習，因此以父母陪伴、孩子自學等方式學習日語、閩南語；英語則在自學之外，還參加才藝課程。在人文素養方面，重視歷史故事的聆聽或閱讀、基本經典的解釋與背誦、基礎能力的練習（成語、閱讀、作文），並期望在高年級時，透過音樂史與藝術史的學習與瞭解，能對孩子有所薰陶。在體能方面，孩子二年級時參與坊間舞蹈課程，非常有興趣，並在二年級結束時加入花式直排輪，未來期望能兩項並重。

貳、生活學習篇

　　幼教學者蒙特梭利[15]曾經說過，孩子的成長像海綿及照相機，只要環境好，他的學習就不會有問題。然而，現在環境有很多缺失，包括家庭結構改變後許多孩子缺乏父母陪伴，讓孩子的交友問題需要額外注意；而媒體充斥，網路資源雜亂、資訊氾濫等問題，讓生活中充斥許多負面影響，也讓大人在生活中的引導與身教變得更為重要。

　　人格的養成是需要教的，人際互動能力的學習更是需要引導，而這些學習，都是在生活中進行。生活學習的目的，主要是希望能培養孩子的人格及人際能力，並透過家庭系統的支持及人際互動的練習來逐步落實。目前淑惠的人格發展及人際關係都還不錯，具備了快樂、分享、關懷、主動、獨立等特質。

一、生活學習的原則

　　落實生活教育的學習，主要是在父母陪伴過程中，運用言教與身教來落實，並盡量維持寬鬆的教養原則，好讓孩子在自在的生活中，因此所有問題才能被看見、被處理。

---

[15] 蒙特梭利（Maria Montessori，1870-1952），義大利醫生和教育家，是蒙特梭利教育法的始創人。

（一）利用言教來說明及解釋

　　為了讓孩子發展適切的人格及人際能力，我會運用說明、提醒、解釋等方式，並盡量是用聊天的氛圍，讓他知道事物的前因後果；我也會跟孩子就品格議題進行討論與溝通，好讓他知道我的想法與期待；我也會貼身觀察，並利用任何機會教育來適切提醒。因為是生活中實際事件的說明，孩子較能理解，也可以避免父母說教的印象。

　　例如，發現許多年輕人不能站在他人立場想，這些年輕人在成長過程中大多缺乏父母在旁引導。2015 年暑假，朋友的孩子來家裡玩一個月，期間我接到一通推銷保險的電話，這個孩子說這種電話最可惡，所以可以騙說現在在開會，好打發他（他可能是想同理我打發這位推銷員的行為）。我說，其實要體諒有人是透過這種方式來賺錢養活家人，我會客氣、堅定的跟他說我不需要，而且盡量不要用說謊的方式來打發他。這些話語是希望孩子能夠學習體貼他人、站在別人立場來想，並培養其善良的人格。

　　我也發現，許多年輕人不懂得如何表達關心。所以，我會趁機會教導孩子如何將關心化作行動，並提醒勇敢表達關心的重要性。例如，我咳嗽後，會告訴淑惠應該要來幫我拍拍；生氣後，會告訴他應該過來問候我一下。此外，我會提醒他做卡片送給朋友或表達謝意，以及打電話跟長輩問候。在孩子做了這些體貼的行動後，我也會誠懇地跟他說明我的感動，並討論做了這些事之後周遭人的感受。

（二）運用身教來示範

生活教育重在潛移默化，所以我特別注意身教，也就是我會重視自己的言行舉止，希望能對孩子有正面的示範作用。首先，我對孩子生氣後會跟他道歉，我希望孩子知道人都有情緒，發洩情緒是健康的，但一定要道歉；我也希望他知道，大人不見得總是對的，就算他年紀小，也可以有自己的判斷。其次，我希望孩子溫柔可愛，所以我試著讓自己也成為溫柔可愛的人。我盡量對人尊重、開放，也經常與人分享，甚至常常變成孩子王、跟孩子玩成一片。最後，我經常跟孩子表達愛意，希望他知道有人愛他、知道愛人與被愛的感覺，希望他成為一個充滿愛，以及勇於表現愛的人。

我發現，孩子對大人的言行是照單全收的。例如，我不喜歡遲到，但還沒教導孩子這個觀念，但可能是淑惠看我總是很守時，他也不喜歡遲到。又例如，我的家務習慣不是很整齊，發現淑惠跟我一個樣。從此可見，父母身教的影響真的很深遠。

（三）維持寬鬆的教養態度

在生活學習中，我的教養非常不嚴格，因為唯有這樣，孩子才可以把真實的習慣、想法呈現出來，這樣所有問題才能夠被看見，我也才能知道該如何引導孩子去面對、處理、改善。

例如，孩子總是拖拉、懶散，我的寬鬆教養態度讓我可以接受這個狀況，甚至覺得這也沒什麼不對。家是放鬆的地方，如果家庭的教養態度是尊重且開放，孩子一定是拖拖拉拉，因為他的家庭可以讓他放鬆，而且他也是需要放鬆的。希望孩子

聽話的最簡單方法，是嚴格；孩子拖拉、懶散，表示你們的感情很好、表示他在你跟前很自在、有安全感。李國修[16]的「就是要你功課爛」教育訪談裡也說，跟父母睡越久的人越戀家，因為輕鬆自在的感情會更長遠。所以，孩子在家拖拖拉拉、跟大人賴皮，這些都是要珍惜的日子。

　　但是，大人還是會擔心，因為不清楚孩子是放鬆，還是不懂事。其實，除了在家裡的生活情形外，大人還需要觀察孩子在外面的表現。如果他在外人面前應對進退得宜，表示他有這個能力，只是在家庭中不必成熟懂事。

　　從另一個角度來看，可能乖孩子會更讓人擔心。當孩子不用大人煩心時，爸媽會以為這樣比較好，而沒有想到，其實很多乖孩子是犧牲自我想法、自我決定權力，才能跟著大人的期望走，所以他們是相當自我犧牲的。當這樣的孩子長大後，因為已經習慣聽大人的安排了，這時要擔心就來不及了。

二、生活學習的落實

　　為了落實生活學習，我除了會讓孩子在生活中實踐在家中所學的應對進退外，還會在事前、事後跟孩子談，好讓他們可以隨時調整、修正。

---

[16] 《就是要你功課爛》年代新聞專訪。2015 年 11 月 2 日，取自 https://www.youtube.com/watch?v=pq9Wr-nPGi0、
https://www.youtube.com/watch?v=oAFP17a51pw、
https://www.youtube.com/watch?v=ZbzY0eVhvrI

（一）事前告知我的期望

我會跟孩子直接說明我期望他的品格表現，並在任何機會隨時提醒。我相信，只要父母清楚自己的期待，也重視這個期待，自然會在生活中落實（身教），也會不斷地聊到或提醒（言教），那麼，孩子自然能將品格逐漸內化，並成為其人格的一部份。

然而，品格的內容這麼多，大人很難全部要求，孩子也很難完全執行。所以，大人要先認真思考什麼是最重要的項目，先選出幾個來引導孩子，之後再慢慢調整或增減。在兩年的在家教育中，我期望，以及經常跟孩子溝通的品格內容不多，包括：（1）要心存善良，所以有事發生時，要先用善良的心來想問題，也要記得感恩別人；（2）要把別人放在心裡，所以要同理別人、體諒別人，不可以只想到自己；（3）要分享、要關心，也就是，所有善念都是要透過行動來讓人感受到世間溫暖的。這三點項目很簡單、很有實用性，也很重要，而且，因為項目少，講幾次後孩子就記住了。在生活中遇到任何狀況，我都會與這三個品格項目連結，好讓孩子更容易了解。例如，看到我的學校的路燈到早上九點多還亮著，而路過的大學生都沒有隨手關燈時，我就提醒孩子「要把別人放在心裡」，也就是，路燈的電費不是我們付的，但這是別人付的錢，別人也希望能省點錢，所以我們要隨手把燈關掉。此外，地球會希望自己是健健康康的，所以我們要幫他、愛護他，隨時關燈就是一個愛護他的方法。

除了這些基本要求，我還希望孩子能學習處理挫折或情緒，以及學習用正向的角度來思考問題，而這些，也是透過在事情

發生前的說明及對話來達成。例如，在初學溜冰時，我跟孩子的對話大約是:「溜冰會不會摔？一定會。摔倒會怎麼樣？會痛。以前受傷的地方現在還會痛嗎？不會。未來比賽會不會失敗？一定會。失敗怎麼辦？就再試一次。有沒有人沒有失敗過？沒有。那你要不要害怕、逃避失敗？不要。」我會在事前跟孩子說明問題的所有可能面向，並強調，只要正向看待，所有問題都可以被解決。我相信，事前充分想過，當問題真的發生時，才能更從容的面對。

（二）在真實生活中實踐

孩子的品格與人際能力必須在真實生活中進行實踐，而實踐的場所，包括在家庭中奠定基礎，以及在對外人際互動中嘗試錯誤。

首先，我重視家庭內的人際互動，並相信家庭是孩子陶冶品格、學習人際互動的第一個，也是最重要的地點；所以，生活的學習應以家庭為主。我發現，孩子生活經驗不足，透過家庭成員共同生活的提醒、說明與解釋，以及父母的身教示範與身教引導，孩子可以加強其為人處世的方法與態度，進而薰陶其人格；如果沒有引導，孩子必須自己想辦法來面對生活中的困境，如果想偏了，可能會越偏越遠。生活學習無法預先設計課程，只能在遇到狀況時透過言教、身教、或其他方式來形成影響，所以，沒有一起經歷生活，就沒辦法進行相關教學。

其次，在家庭的學習之後，對外真實生活中的犯錯、修正、調整、改進，則是孩子將在家中所學真實運用的地方，所以也需要父母的陪伴與引導。我相信，幫助孩子逃避錯誤，會讓他失去從錯誤中練習的機會；讓他們在大人引導下嘗試錯誤，孩

子就能夠瞭解錯誤的原因、可以有機會再來一次,也因此有改善的可能。淑惠會主動跟才藝老師閒聊、會帶甜點或禮物到才藝教室中分給小朋友,也會在逛街時自己去付錢、去跟人互動。有時候他會邀請朋友來家裡玩,而且會自己跟朋友的父母邀約,並在事前整理房間,以及規劃朋友來時的接待事宜。對於淑惠的這些嘗試,我都讓他自己來,因為練習是成長的最好機會。

(三)事後協助孩子省思與檢討

孩子的人際互動經常有些大大小小的問題,我盡量讓他獨自面對,當他做錯時我也盡量不干擾、不中斷,而是在之後再討論。也就是,我會讓孩子在真實生活中盡量多嘗試,連錯誤的嘗試也不立即糾正,因為我相信,孩子做錯了,下次會更清楚要如何修改,而不是由大人來幫助他避免犯錯。

二年級初,我看到淑惠的舞蹈朋友側翻翻得很漂亮,並讚美時,淑惠竟然生氣了。朋友回去後,我跟他一起想想這個狀況要怎麼處理,並引導他要學習讚嘆朋友的成就,以及說明成功不必在我的想法。我希望他學習當綠葉、學習看到朋友的成就、學習不要比較、也學習接受挫折。唯有開放心胸誠意接受朋友的成功,以及有足夠的挫折忍受力,孩子的人際關係才能真正健康。這些想法,都是在生活練習後的省思與討論中慢慢傳遞給孩子的。此外,因為是真實的經驗,孩子更能夠理解,而不是大人的說教而已。

(四)我沒有做的事

雖然我做了這些嘗試,但許多父母會做的一些事,我卻沒

有做。

　　首先，我讓孩子「分攤」家事，但並沒有進行家事的「分配」，所以淑惠的家事分攤並不多。我和先生的家務分工也是如此，我們沒有區分誰負責什麼，只要有心、想讓家裡更乾淨，或是忍耐不住的人，就會去做。我們希望家務不是透過分配，而是透過對家庭的愛而去做。我們家也沒有很嚴格的規定或規矩，因為只要大家都關心他人、都能考慮他人的需求，就不會有踰越分際的行為出現，這樣每個人都可以快樂，常規也不再是規範，而是自願遵守的體諒與體貼。

　　其次，我也沒有給孩子零用錢。孩子表現好或幫忙做家事，會得到我口頭的讚賞，但都沒有錢或禮物可以領。當孩子有喜歡的東西時，我會盡量讓他買，但買或不買，跟他最近的表現無關；如果不讓他買，我也會跟他說明原因，並請求他諒解。他確實花了不少錢買些我認為沒有用的東西，但生活的學習本來就是要付出代價的，所幸孩子年紀大了後，自制力也越來越好。會有這個決定，是在之前積極教育階段發現孩子很快就學會交易後所做的調整。我認為，透過獎賞來進行鼓勵，孩子很快就會知道積極用功及表現良好的目的是為了獎賞，之後的學習或表現很難跳脫；沒有獎賞後，孩子的學習與表現才可以更單純的是為了興趣、是因為責任。

參、自主學習篇

現在的很多年輕人從小聽從大人安排，很少有機會問問自己想要什麼，更遑論去嘗試自己想做的事情。長大後，這些沒做過決定的人就失去自我規畫與安排的能力，甚至連自己要什麼、擅長什麼可能都不清楚。我希望我的孩子未來能勇敢的自己做選擇、做決定，進而有機會學習自我負責，所以，我必須從小就讓他有足夠的機會自己來。因此，自主學習便成為我期望的教育核心。

淑惠現在的成熟度還無法完全自主學習，但我相信，在不斷的自己安排、自我調整的練習過程，等未來成熟度變好以後，孩子就可以了解自己的能力與興趣、能自主決定自己的生活，進而達到自主學習的目標。

一、自主學習的原則

既然離開了學校體制，孩子就應該嘗試學校體制外的學習方式。我希望的體制外學習方式，是孩子能處理自己的學習，而不是單純的接受他人安排，所以我必須在孩子成長過程中讓他參與自己的學習規畫，也必須在這個過程中，接受他的任何學習方式及學習興趣。

（一）讓孩子參與自己的學習規劃

不管為孩子做什麼學習安排，或在安排過程中的任何考量，

我都盡量讓孩子瞭解，並會讓他提供意見，甚至參與做決定。因為我希望他能夠參與自己的學習規畫。很多父母自行決定孩子該學什麼、該如何學，當孩子學得不開心，只要說「這是我爸媽要我學的」，似乎學習成敗的責任就不在他們身上了。所以，希望孩子對自己負責任，就必須讓他們為自己做選擇。

　　一開始，淑惠是聽從我幫他做的學習規劃，慢慢的，他開始有意見，尤其二年級時他對自己的學習有很多想法與堅持，而我也盡量尊重。例如，二年級一開始，他決定不回學校（一年級時每周回校一天）、不上英語才藝課，但要增加舞蹈課，連舞蹈才藝教室都自己找好了（是他的一位朋友學習舞蹈的地方）。二上中，淑惠決定不上小提琴老師的課，希望我另外幫他找老師。二下一開始，他決定要回去上英文才藝課，也希望另外找老師。二下快結束時，他決定要學習花式直排輪，並請我幫他安排。

　　除了讓孩子參與自己學習的規畫，我也會和孩子偶爾檢討最近的學習內容，以便協助他檢視自己的學習情形。孩子總是說他最喜歡學的東西就是現在在學習的東西。當喜歡所學的東西時，他的學習態度就會好，久了後程度就會提高，然後就會對學習有自信。所以，我在安排所有課程或學習時，一定是要他喜歡的，當不喜歡時，我們就討論要如何處理，然後一起找尋相關資源，並試圖調整。二下的暑假，他的三年級課表就是我們一起討論後決定的。

（二）尊重孩子的學習方式

　　既然要讓孩子自主學習，那孩子選擇的學習方式就一定要尊重。

　　首先，淑惠是聽覺型的孩子，所以學習時喜歡用聽的、不喜歡用看的。他不喜歡看書、寫字，但喜歡我講故事給他聽；在練習鋼琴新曲子時，他不喜歡看譜，只想聽 CD，而且聽幾次後，就可以彈出來。他的閱讀及識譜能力其實都不差，但就是喜歡靠聽力來學習，所以我盡量找故事 CD 或音樂 CD，讓他可以運用其擅長的學習方式來學習。有人擔心孩子只靠聽力，那怎麼訓練其閱讀能力呢？我想，這個社會太強調視覺的學習了，孩子未來的人生中不怕沒機會磨練閱讀能力，更何況，淑惠的閱讀能力不是不好，所以，為什麼不能輕鬆點，讓他先用聽力來替代閱讀呢？

　　其次，淑惠上課很專注、學得很快，下課後則不喜歡花太多時間練習，我在初期還誤以為他不用功。為了尊重這樣的學習方式，我安排的課程或練琴時間都不長，例如兩個樂器加起來的練習時間大約是 40 分鐘，中間還會休息一兩次；課程時間也是短短的，而且經常休息。有人會擔心練習時間太短，無法有好的成效，但我嘗試拉長時間，效果並沒有比較好。因為學習時很專注，淑惠不需要太多時間來練習，那麼，為什麼不尊重他的學習方式呢？誰說學習一定要花很多時間、很辛苦，專注、快樂的學習為什麼就不可以呢？

　　最後，淑惠不喜歡生活排太滿、不喜歡學習太辛苦、喜歡東摸西摸、喜歡在喜歡的事物上大量投入，有趣的是，這樣鬆散的學習方式，學習成效似乎也相當不錯。學習方式是多元的，對淑惠來說，玩是最重要的學習方式之一，而我也相信，有足夠的玩，孩子在成熟之後，這些經驗會內化成養分，並成為未來學習的根本。所以，我堅持要給淑惠足夠的時間做自己想做的事，也盡量尊重他的玩的、輕鬆的、自主的學習方式。換言之，我們都知道快樂學習很重要，但當孩子快樂時，我們又擔

心他的責任感訓練不足，這就是無法尊重孩子的學習方式。

（三）接受孩子的學習興趣

喜歡真的很重要，當孩子做不喜歡的事時，就是懶懶的，怎麼拖都沒用，但做喜歡的事時，他們可以不眠不休，累積下來，就會有很大的差別。所以，除了尊重孩子的學習方式，孩子喜歡學的東西也必須盡量接受。

一年級時，孩子一天到晚看些我覺得很無趣的卡通片或youtube 影片，二上開始，他看的片子變得滿有系統的，例如，因為喜歡「冰雪奇緣」卡通，而看其角色的繪製過程（繪畫）、真人的化妝歷程，之後迷上唱英文歌「Let it go」。有一段時間，他對一些公視節目[17]有興趣，並投入非常多的時間去享受。看孩子看這些亂七八糟的東西時覺得很難忍（一下看化妝，一下看畫漫畫、一下玩換飾品的遊戲），但持續一段時間後，發現他看的東西其實是有系統的，也就是都跟美感、造型、色彩有關。我終於了解，甚至認同孩子學習這些東西的內容與方法，但如果我一開始就限制他、禁止他，或引導他到更符合我的價值觀的學習方向，就看不到這些我很陌生的興趣範圍，也不會在終於了解之後而感受到欣慰了。所以，尊重並信任孩子的學習興趣，是讓他們超越我們的重要管道。

然而，接受孩子的學習興趣有時是很困難的。孩子喜歡讀書，爸媽會安心，但如果他一天到晚玩積木、愛汽車、裝扮洋娃娃、把東西拆掉，那你一定會擔心，並認為孩子都不做正經

---

[17] 一些有趣的公視節目包括：流言追追追、下課花路米、每日一字、少年ㄟ哩來等網路資料，以及古典魔力客、故宮奇航等公視的光碟片（是另外購買的）。

事,甚至期望引導他到讀書上。其實,現在的很多工作並不需要很會讀書,而是些奇奇怪怪的興趣。所以,爸媽的想法必須轉變,對孩子興趣的包容度才會更大,這樣,孩子的興趣才不會被抹煞。

喜歡是很大的動力,所以應該要盡量讓孩子做自己喜歡的事,而且還要珍惜孩子喜歡的動力,千萬不要因為超乎我們的經驗與認知,就抹煞了他的興趣。

二、自主學習的落實

我期待淑惠能自主學習,但困難重重,也不知道該怎麼引導,才發現自主學習沒有一定的教材或教法,更不是一開始就讓孩子自己來,而是需要慢慢練習才能精熟,而且,可能要在孩子成熟度高一點時才有可能完全自己來。在我引導淑惠自主學習的過程中,確實嘗試了一些方法,也就是,要達到自主學習的目標,就必須讓孩子擁有足夠的時間,也必須給他們足夠的自我主導權力,更重要的是,大人要學會放手。

(一)給孩子足夠的時間

要給孩子足夠的時間,首先要讓他有比較完整的時間可以自己安排,然後大人能做的,就是耐性的等待了。

1. 給孩子足夠的時間自己安排

當有些家長努力為孩子安排很多才藝或活動時,我提醒自

己不要排太多，因為我希望孩子每天都有一段完整的時間來做他想做的事。當生活太忙、時間太少時，孩子忙於完成大人的安排，是沒辦法學習自己來的。

淑惠每天都有很長的時間（每天約兩到三個小時）是沒有安排的，所以他必須自己安排。一開始他不知道該如何處理，我會做些引導或給些意見，當他了解原來什麼事都可以做時，就要開始問自己當下想做什麼，然後自己去落實。如果不自己找出喜歡的事做，他會很無聊，日子其實是很不好過的。慢慢的，他會找到「現在」喜歡做的事，又透過足夠時間的練習，而讓他更精熟這件事；如果這件現在喜歡的事後來變得不喜歡了，那表示原來這不是真正的喜歡，所以才有機會再去嘗試另一個喜歡的活動。因為一直尋找及調整，慢慢的，孩子才有機會知道自己的興趣，甚至發展出專長。

2. 耐性等待孩子的成長與改變

自主學習的成效不是馬上看得到的，甚至三、五年都不見得看得到，所以要耐性等待；萬一成效不如預期，也得笑笑認了。聖經有一段話：上帝關上一扇窗，另一扇門必定為你開啟，所以，等待可能是最好的信仰。

淑惠的閱讀，是我需要等待的學習項目。為了等待他喜歡上閱讀，我讓他先用聽的來持續學習，我希望，等他閱讀能力成熟時，他的腦海裡已有足夠的故事了。但如果最後他還是不喜歡閱讀，那也只能接受了，至少他還知道很多歷史故事。我相信，當孩子對學習維持一定的興趣，就可以在任何時間突然學會所要學的東西。所以，當大人願意等待時，孩子就可以用自己的速度來學習與成長，也不會因為太急而讓壓力太大，甚

至因此失去學習的興趣。

　　與其他在家教育家長閒聊時，發現小男生的成熟度比小女生慢很多，所以小男生的父母可能需要更大的耐性來等待。在2010年以〈養男育女大不同〉為主題[18]的《學前教育》中也提到，男生、女生的成長特色不同，速度也確實不一樣，其中，根據維多尼亞技術學院的研究發現，女生大腦管語言與精細動作的區塊，比男生早熟六年。

（二）讓孩子主導

　　希望孩子能自我主導其學習，大人就一定要把主導權還給孩子，也必須改掉自己干擾孩子的習慣。

1. 大人不要主導孩子

　　父母提供孩子足夠的時間去探索外，還必須讓孩子有絕對的主導權，也就是他要有做自己想做事情的自由與權力。我認為，教育的一個目的，是讓孩子有機會超越大人，也就是孩子應該要比父母的經驗更多元、更開闊，如果孩子的學習都依大人安排、學習經驗都複製大人，那他們怎麼超越呢？所以，當孩子嘗試大人經驗之外的活動，或者做些大人主觀不能認同的學習時（如，孩子愛玩芭比娃娃[19]），我提醒自己要尊重、要放

---

[18] 陳幸伶整理（2010.11）。男孩和女孩有什麼不同。學前教育，26-30。

[19] 許芳菊（2010.12）。吳季剛母親：栽培他的天賦，也栽培他的視野。親子天下雜誌，19期。2015年11月17日，取自 http://www.parenting.com.tw/article/5020050-%E5%90%B3%E5%AD%A3%E5%89%9B%E6%AF%8D%E8%A6%AA%EF%BC%9A%E6%A0%BD%E5%

手。現在是行行出狀元的時代，未來的很多行業目前還不存在，我如果用自己的經驗與想法來限制孩子的學習範圍，他就無法開創、無法超越。

因此，大人必須將主導權下放，並成為一個不主導的人。不主導的大人是要聽孩子的意見、依孩子的想法，而不是用大人的方式來執行。當孩子的意見不正確時，只要父母是陪著他去經歷錯誤的過程，他就有機會透過落實的調整，以及對現實與想像落差的理解來慢慢修正與進步。其實，這是個很棒的教養方式，你隨時在身邊，可以在孩子犯錯時適時引導，卻又讓孩子主導、讓孩子在安全的狀況下進行嘗試。

當孩子有一次父母依他意見的經驗後，他就會知道下次是可以提出意見的，那麼，他的主導性就會出來，後續的主動或負責任等特質，也會慢慢出現。

2. 大人不要干擾孩子

孩子的能力是透過經驗慢慢累積的，當沒有機會讓他們去嘗試、犯錯，他們就沒有辦法理解什麼是對的，也沒辦法進行學習。但，當父母經常不自覺的干擾孩子，並提供許多「為他好」的意見時，反而會混淆孩子的判斷，也打斷孩子學習時的節奏。

大人經常在孩子玩得很投入的時候干擾，例如，「該洗澡了」、「要快一點」，這些都會干擾他的專注及投入，也會影響其學習的節奏。我們提供好意的建議，其實也是干擾，因為我們

9F%B9%E4%BB%96%E7%9A%84%E5%A4%A9%E8%B3%A6%EF%BC%8C%E4%B9%9F%E6%A0%BD%E5%9F%B9%E4%BB%96%E7%9A%84%E8%A6%96%E9%87%8E/

會影響他的判斷。例如，他想買這個東西時，我一直提供我的意見，他可能就放棄原來的想法。似乎我們幫助孩子做了更正確的決定，但同時也是干擾孩子自己做決定的練習。

在孩子做決定時，我盡量不提供我的意見，尤其是，大人的意見不見得正確，只是大人都以為自己是對的而已。

（三）要放手

要放手，其實沒有那麼容易，因為我們大人都擔心，也都不夠信任孩子。尤其是，放了手，孩子就一定會犯錯，所以放手，就一定要接受孩子犯錯的事實。

1. 要省思放手的意義與價值

孩子成長過程中我陪伴孩子，是因為希望透過陪伴，在未來能達到「不陪伴」的目的；我的教育目的不是要提供孩子豐富的課程，而是要發展其自主學習的能力。因此，「放手」便成為我的一個重要教育原則。

在陪伴的過程中，我不斷省思該如何陪，但陪了一段時間後的現在，我開始思考要如何放手。我發現，陪伴很重要，但不陪伴也很重要，只是這個不陪伴是經過深思熟慮的，因為其目的不是在不陪伴，而是在提供機會，讓孩子能有勇氣、有智慧去自己闖，而這個勇氣與智慧，是需要在陪伴與放手之間慢慢養成的。雖然這樣做的進度很慢，但我願意等，我相信，當他學會自己學習時，未來的所有學習他就都能夠自己來了。

獨立到底要怎麼訓練呢？依賴是不是沒有價值呢？大家都知道陪伴很重要，但當孩子任何時間都需要你陪在身邊時，

你又擔心他們太過依賴了。我覺得，真正的獨立必須立基於足夠的依賴。很多大人病態式的需要有人陪、沒安全感、感到害怕或退卻，多是因為在成長過程沒有足夠的依賴。希望未來孩子能獨立，要先培養他足夠的安全感與自在，所以可能要先讓他有足夠的依賴，因為真正獨立的人是能拉緊、能放鬆的；當你足夠了，就不需要了。所以，讓孩子依賴不是不好，讓孩子獨立也很重要，陪伴與放手之間，需要相當的智慧。

2. 要接受孩子的犯錯

自主學習的目標既然是要放手讓孩子自己主導，就必須接受他一定會犯錯的事實。孩子早晚會大到不需要你陪，那時候再放手，孩子做錯了我們也管不到。在孩子還需要我們時就放手，他才能在我還陪在身邊、仍可以對他進行引導的時候去經歷錯誤、去修改行為。

例如，淑惠在小一時在網站上看到漫畫的大胸部，我知道後跟他解釋漫畫的誇大性，以及何謂「限制級」的東西，結果，孩子的犯錯成為一次珍貴的課程。此外，在孩子年幼時陪著孩子探索網路的世界，做錯了我可以在旁提醒，這會比禁止他使用這個避免不了的網路、讓他完全不受污染，但長大後變成沒有抵抗力來得好。

要讓孩子做決定，首先家長的心態要調整好，例如，孩子犯錯怎麼辦，孩子不認真怎麼處理。此外，家長還需要開放、包容，因為這些犯錯真的沒什麼大不了。要注意的是，如果讓孩子自己來，卻在他犯錯時責備，之後他就不會自己來了。

（四）要提供豐富的資源

　　要孩子自主學習，就要提供他們豐富的學習資源。我們家一開始是買書，但孩子不見得有興趣，許多書買了後就是擺著。之後，在家教育前輩建議要利用圖書館，才發現圖書館真的非常好用。除了買書及借書，我們家還會使用網路資源，並在淑惠二上升二下的寒假在家中裝設網路。當下對是否裝設網路有許多掙扎，主要是，網路有其便利性，善加利用會是很棒的資源，但如何讓孩子善加利用網路，而不是網路沉迷，則需要特別注意。

　　會決定裝設網路，是因為淑惠不愛看書、很多學習不太有切入點，因此必須找其他的學習管道，此外，發現網路上有很豐富的學習資源，很多還是互動式的，這對聽覺學習的淑惠來說很適合。但，裝設前還是經過許多思考，因為太多教養理念的分享都建議不要讓孩子接觸網路，所幸淑惠除了一開始因興奮而花太多時間在網路外，並沒有網路成癮的問題。可能是我一直都在身邊、他無法沉迷，但發現，當孩子每天都忙於快樂學習時，是不會有網路成癮問題的，當孩子在現實生活中過得不快樂，才會需要在網路上找尋生活樂趣及自我肯定。所以，隔離網路雖然可以避免網路沉迷，但更重要的是孩子的生活是否有意義，以及是否有健康的生活態度。

　　淑惠的自主學習使用最多的網路資源，是外語的學習（詳細資源資料，請見〈外語學習〉章節），其他如公共電視節目（如流言追追追、下課花路米、每日一字、少年ㄟ哩來等）、有些音樂節目等，也都非常精彩。

肆、專業學習篇

　　專業學習的目的，主要是在與孩子緊密互動、貼身觀察中，看到孩子的興趣與能力後，提供他學習的資源與機會，並期望因此達到適性學習、充分發展的目標；也希望透過這個歷程，孩子能更了解自己，進而更有自信。這方面的學習是我有所要求的，因為我認為這是培養孩子專業、訓練孩子態度的關鍵機會，所以，我的專業學習不能學好玩或學興趣的，而是要玩真的。初期孩子學什麼才藝，多是我的決定，但我會不斷觀察、不斷修正這個決定。在決定之後，我會慢慢引導，包括：說明（說明我會做這個決定的原因）、利誘（引導他投入學習）、共同規畫未來憧憬（讓他了解未來可能的生命方向、並對未來充滿希望）。

一、專業學習的原則

　　在認知學習掛帥的社會中，如何落實專業的學習有許多需要思考的地方，我在許多思考之後，整理出不求多、不求快、不求難的三大專業學習原則，希望我們家的專業學習，能跳脫目前大家學得很辛苦，成效卻有限的迷惘中。

（一）不求多

　　在學習上，「多」是最大的忌諱。

學校學習的科目太多，許多家長在課後還安排很多才藝課程，結果，孩子必須「分心」到每個科目，所以很難專精、自然難有成效。

孩子的學習應基於適切的量。有一位朋友問我他的高二孩子英語不好，該如何加強，我說沒辦法，原因是他現在學的東西太多了，唯有不需要一心多用時，才能專心學習、英文才可能進步。有一位國小二年級小朋友非常喜歡直排輪，他沒有參加任何才藝課程，每天練習三個小時的直排輪，最後獲得全國第一名的殊榮，其原因，就是因為不求多。

那麼，為什麼大人會不自覺的讓孩子的學習超量呢？原因可能是大人的擔心，因為不知道如果不安排，孩子以後會不會跟不上別人，所以乾脆跟著大家走。結果，「太多」，就變成學習上揮之不去的夢靨。

（二）不求快

在學習上，「快」是最大的障礙，而「慢」反而是種藝術。

台灣家長的另一個盲點，是擔心孩子輸在起跑點，所以一切的學習都要快。其實，孩子階段的學習最重要的是培養興趣，既然如此，就不該急著讓孩子跑在前面。

「不要讓孩子輸在起跑點」的可能後遺症已經有很多文章探討過了。例如，網路上探討跳級生的獲得與失去的文章[20]，點醒了贏在起點孩子的可能犧牲。又例如，之前提到的已故藝

---

[20] 跳級生的背後，陳儀安，親子天下。2015 年 11 月 2 日，取自
http://www.babyhome.com.tw/mboard/topic.php?style=education&bid=28&sID=4307941

人李國修教養理念的訪談節目，更是以「就是要你功課爛」為主題，來檢視讓孩子贏在起跑點的問題。

不要在乎孩子是否贏在起跑點的想法多數人可以認同，但落實在自己子女身上，就會有質疑與掙扎了。有一位媽媽說他替孩子選才藝課程的重要原則，是他的孩子絕對不可以是班上年紀最大的，但年紀最小的沒有問題。這似乎是很多父母都會有的原則，為什麼呢？仔細想想，其背後不就是希望孩子不要輸在起跑點嗎？也就是，和比自己年紀大的人共同學習，就能在不知不覺中在起跑點上稍微贏一點。

淑惠在開始參與音樂才藝課程時，幾乎都是班上年紀最大的，甚至大到兩三歲，這時才知道很多家長讓孩子在三、四歲時就開始上才藝課程了。在音樂才藝課程中，有些孩子可能學習時間太久、已經失去新鮮度了，剛加入學習的淑惠，因為學習很新鮮、很有趣，進度反而超前。可見，不求快，等孩子準備好了再來學，也是個可能的方式。

（三）不求難

除了不要學太多、學太快，孩子的學習還應該基於適切的難度，甚至，應該要盡量簡單。很多家長都希望孩子學深一點，所以台灣的教材永遠偏難，當盲目的拉高學習難度時，孩子的學習變得很抽象，並不符合國小學童的學習特性。

淑惠是年尾的孩子，也是那一屆的大姊姊。我在讓他選擇愛讀的書來讀時，他都是選擇低他一、兩個年級的巧連智，而且看得很快樂。大人一般都希望孩子能讀懂高於他們就讀年級的書，並以為孩子會學得更好，我卻任由孩子讀低幾個年級的書，因為我相信，當孩子理解學習的內容時，會有成就感，所

以才能持續學習；當學習能不斷進行，只要假以時日，他們一定學得會的。

教育是不該強人所難的。二年級時讀一年級的課本覺得很自在，那表示學習內容的安排太強人所難了。為什麼學習不能輕鬆點呢？我的那個年代是三年級背誦九九乘法表，現在二年級就在背了，想想看，四五年級之前的孩子誰有抽象理解力來了解乘除概念？頂多就是背誦數學而已。

我相信，不求多，但求精；不求程度，但求持續；不求快，但求累積，這些應是最棒的學習原則。

二、專業學習的落實

在專業學習上，我沒有要求孩子的學習成效，但相信，透過陪伴，可以建立孩子的學習習慣及學習態度，那麼學習總是會達到其成效的。

（一）運用陪伴

國小一、二年級的孩子自制力不夠、玩心重，所以我是以陪伴方式讓他情緒穩定，他才能表現出我期望的學習表現。我希望因為陪伴，孩子能很快的進入專心，也能習慣專心學習的感覺。也就是，我希望自己能扮演孩子學習過程中的鷹架[21]角

---

[21]鷹架理論是由蘇聯發展心理學家利維·維谷斯基所提出。他認為人的發展有兩種層次：實際發展層次與潛在發展層次。實際發展層次就是兒童發展階段所表現出來的能力，潛在發展層次則是在大人或同伴的合作下所能發展出來的能力。

色，讓孩子在學習時，通過足夠的支援，以提升其學習成效。我陪孩子的時候是真的陪，也就是坐在旁邊什麼事都不做，但是我不教，也不主導，可能是我沒時間備課、沒辦法教，但我更相信，我不是要餵孩子魚吃，而是要給他釣竿。

有些父母會刻意不陪孩子、刻意營造讓孩子自己來的機會，甚至期望他們能因此養成自動自發的習慣。我認為，這對這個階段的孩子來說有點勉強。孩子很奇怪，你在旁邊，他就功課做得好、琴彈得好，只要你不在身邊，就算還是在同一個房間內，他就給你拖拖拉拉。讓他們自己來的結果經常是，當發現孩子沒做好你期望的事時，你會罵孩子不專心、太過依賴，然後會形成一個惡性循環，就是你叫他用功，他用功了，但他認為的用功可能跟大人期待的不一樣，然後會被你罵，漸漸的，孩子就習慣學習就是這個氛圍、自己就是那個會被罵的人，甚至可能因此產生負面的自我概念。

所以，我們的在家教育中，我不太教孩子，而是單純的陪他學習。至於要陪到什麼時候呢？目前的規劃是陪到孩子不需要我的時候，估計是四到五年級之間吧，但，是依據他的需要，而不是我的規劃。

（二）建立學習的習慣

很多人以為每天的生活都是出於有意志的選擇，其實更多是因為習慣[22]，所以，若能養成學習的習慣，才能有所成就。我認為，學習習慣首先要建立生活的節奏性，然後，「因喜歡而學

---

[22] 鍾玉玨、許恬寧譯，Charles Duhigg 著（2006）。為什麼我們這樣生活，那樣工作？（The Power of Habit: Why We Do What We Do in Life and Business）。台北：大塊文化。

習」的習慣也一定要養成。

1. 建立有規律、有節奏的生活習慣

「有節奏」和「有規律」的生活習慣是不同的。規律，表示每天的事很固定，節奏，則更像是自己的步調。最有規律的生活是去學校，在家裡是一定會變動的，但我盡量提供孩子一個有「規律」的生活，並期望孩子能因此找到自己的學習「節奏」。

我是透過陪伴，來協助孩子建立生活的「規律性」。我相信，學習成效好壞建立在規律及穩定的練習。我們的學習時間主要在早上，我盡量按照計劃落實，孩子久了後就知道這個時間該做什麼。其實，養成規律性是不容易的，它需要很大的自我督促及生活控制的能力。孩子的自制力不夠，是由我的陪伴來建構其生活的規律性，問題是，有些父母無法持續性的堅持某些事，那他的孩子就更難養成規律的習慣了。

其次，我是透過尊重孩子的學習步調，來建立孩子的「節奏性」。為了維持其生活及學習節奏，我盡量任由孩子沉醉在所做的事情當中，並減少可能的干擾，所以，有時候飯準備好了，也不會趕著叫他吃，以免打斷他進行活動的節奏。此外，我希望淑惠的心情很清靜，所以為孩子安排的活動多是長期且穩定的，一些一兩天的活動，如偶爾去看場戲，或參加什麼戶外活動等，我並沒有很積極。

2. 養成「喜歡學習」的習慣

孩子喜歡學習，學習的經驗就會是快樂的，因此，讓孩子

在任何學習上都很開心，不開心就寧可不要學，這是很重要的學習習慣。當養成喜歡學習的習慣，孩子就可以將學習視為自己的事，之後的主動、主導、自我負責等特質，就容易出現。

喜歡學習的習慣要怎麼養成呢？大人必須檢視自己是否正在阻礙孩子「喜歡學習」，之後，就是要保持足夠的調整能力。

首先，大人必須檢視自己是否是孩子喜歡學習的阻礙。例如，孩子投入的做某件事時，你是否會引導他去做你認為更重要的事（如，作業寫了沒、琴練了沒）？孩子嘗試某件事之後，你是否不管成敗的真心讚美他的嘗試呢？這些都是大人可以幫助孩子喜歡學習的方法。此外，玩是一個很重要的學習動力，我們提供的學習內容很死板，卻要求孩子要表現出喜歡的態度實在是強人所難，所以，讓孩子的學習活動變得好玩，也是提升動力、進而讓他們喜歡上學習的方法。

其次，要孩子喜歡學習，學習的內容或方法就必須是他有興趣的，所以大人必須保持彈性，來隨時調整、配合孩子的學習需求。我經常詢問孩子某個學習或某個課程好不好玩，如果不好玩就試圖調整，所以淑惠的小提琴團體課後來換老師、舞蹈課後來換教室，孩子這些方面的興趣才能夠持續。如果孩子沒有喜歡的學習怎麼辦呢？等待是重要的，但光光等待，可能錯失孩子的學習精華期，所以我的建議是，轉個方向，然後繼續找。就像淑惠不喜歡閱讀時，我在心裡會等待他的開竅，但同時會讓他用喜歡的聽故事方式來進行學習，因為，我還是讓他「喜歡學習」，只是學的是聽故事而已。

（三）建立學習的態度

態度，是一切的基礎，但它又是最難傳遞的概念。我認為，

大人的想法是孩子能否建立態度的關鍵，因此以下分享我的一些關於態度的想法。

1. 要學，就要做到有個樣子

我的孩子在專業學習上，是不能用「試試看」或「學個興趣」的態度，而是要以成為專業的目標來進行。

很多家長說，「孩子的學習快樂就好」這其實是非常攏統、卻被家長拿來宣示自己具備開放教育理念的說法。孩子怎麼才會快樂呢？讓孩子完全做自己想做的事就會快樂嗎？愛玩的他有得玩、有朋友，當然很快樂，但成就感、可以跟朋友分享的東西、自己在學習後的滿足感，也都可以帶來快樂，而且是更札實的快樂。在「學習快樂就好」的前提下，很多父母會說孩子學才藝不是要他們未來變成音樂家或靠音樂吃飯，也不是要這麼早就幫他們做就業定向，而是希望培養一個興趣。這時，才藝對家長來說是點綴性的、是可有可無的，等孩子再大一點，會因為學校課程越來越重而讓才藝的學習中止，因為才藝課程與他們的前途關係不大，學校正課才是。

初期我也認同「讓孩子學個興趣」的想法，但後來發現，「快樂學習」的人最後大多不了了之。我沒有什麼「唯有讀書高」的根深蒂固想法，所以可以看到各種學習的重要性，也知道，不管任何領域，只要玩真的，都可以發展出專業，並在未來的生涯發展上順順利利。

因為有這個要求，淑惠大部分的學習都表現得相當不錯。有幾句話是很有道理的，包括「任何事，一直做下去就對了」，以及「滾石不生苔」等，所以，我要求孩子任何學習都要玩真的，也就是要以發展這方面專業為目標的方式來進行學習。

2. 要能夠做夢

尼采曾經說過，人因夢想而偉大。我希望淑惠是個有夢想的人，因此利用跟孩子一起做夢來進行引導，包括我會引導他努力的方向、幫助他開拓視野。

首先，我會用做夢的方式讓孩子了解學習是有意義的。例如，去美國前，我跟孩子假想到美國時用英語跟人家說話，以及雞同鴨講的樂趣，讓他了解去之前要好好學英語的原因。再例如，我跟孩子談他喜歡的日本卡通，並一起學唱這些卡通主題曲，之後提到未來可以一起去日本玩，所以學習日語對他來說是有意義的。先生對西班牙這個國家一直情有獨鍾，我跟孩子也規畫國中時到西班牙一遊，所以孩子也接觸了一些西班牙語。這些語言學習的規劃，配合出國運用語言的夢想，在我們家中不斷進行中。

除了語言的學習是一起築夢外，其他方面我們也用同樣方式進行，也因為這個過程，孩子的視野更大了。2014 年 2 月 5 日，我找到德國音樂教育的資料，跟孩子站在世界地圖前面問他德國的位置，然後問他有沒有想去德國。他瞪大眼睛說他最想去的國家是德國，因為《古典魔力客》裡的貝多芬是德國人，他很想去看看他們的家。我們的築夢又開始了，並計畫國中時一起去德國玩。我們能不能去這麼多國家我並不知道，但我願意跟孩子築夢，就算最後無法成行，都希望孩子的夢想是跨國際的。

發現與孩子一起築夢的過程非常重要的，孩子會有自己的夢想，而且腦海中的世界也會因此而更大。不是有人說格局、夢想很重要嗎？但格局和夢想要怎麼教呢？我的教育方式似乎

有沾到一點邊。此外，我希望在築夢後能有機會一步步落實我們的夢想，讓淑惠有「築夢踏實」的體會，但這可能要再晚幾年。

3. 對「好好學習可以獲得獎勵」的省思

我希望孩子的學習不是為了獎勵，而是因為喜歡，所以在生活學習中，我沒有給孩子零用錢，在專業學習中，我則沒有給孩子實質上的獎勵。有時候孩子提到，「如果我用功練琴一個小時，我可不可以買...」我的答案都是不可以。我覺得練琴是孩子的責任，所以是不可以要求獎賞的。同樣的，會有這個堅持，是因為一年級主導孩子學習時用紅點獎勵、發現孩子價值觀扭曲後而有的。所以，當孩子想買東西的時候，我會盡量讓他買，因為我知道他沒有機會用表現來換取金錢。

第四章/父母角色篇

很多父母並不知道自己應該及需要改變，也可能逃避改變，以致孩子的教育關鍵期在父母猶豫、躊躇間耽誤了。因此，對父母角色進行省思，是非常重要的。以下，是我對父母在孩子教育上可能需要省思的地方提出說明。

壹、父母的影響非常深遠

在家教育經驗中，因為與孩子親密相處，深入了解孩子的發展與改變，才體會父母對孩子的重要是既深且鉅的。

一、孩子需要父母的陪伴

孩子是非常需要父母陪伴的。在家教育過程中，發現只要我陪伴身邊，孩子就可以專心的學習，學習成效比較好外，孩子也可以因此對學習有正向的態度。此外，孩子在二年級時很容易對什麼都感到害怕，到什麼地方、做任何事都希望有父母陪，如他們能獲得依附的滿足，則較能有安全感，未來的情緒發展也會比較健康。

花式直排輪教練曾說過，成就一位優秀選手有三個條件，一是要找到好教練，二是孩子須具備應有的能力與態度，最後，也是最重要的，是要有位狂熱的父母願意陪伴他來。他說，孩子有天分、也願意練習時，父母不支持、不陪他來上課，他就是無法有成就，所以父母其實是最重要的關鍵。他還舉隊裡一位花式直排輪世界冠軍來當例子。這位孩子的媽媽堅信他的孩

子未來會成功，所以就算初期孩子表現不是最好，他還是每天帶孩子來練習。如此堅持了好些年，孩子終於得到了殊榮。可見，父母參與孩子的成長，真的非常重要。

父母沒有陪伴孩子，可能是因為孩子乖乖的，所以應該可以不陪他們，有些則是希望孩子能早點學習獨立，所以要讓他們有練習的機會。但我認為真正的原因可能是陪伴太辛苦了，加上大家都希望自由、都渴盼能做自己想做的事。當把生命重心放到孩子身上、當正向看待與孩子一起成長的過程，才能享受陪伴孩子的經驗。

二、孩子需要父母的引導

父母除了必須陪伴、參與孩子的成長外，還必須扮演言教與身教的角色，並從中引導。最近遇到一些個性冷漠、人際能力不好、問題解決能力低落的孩子，他們的一個共同特徵是，他們都是在父母很忙、無法陪伴下長大的孩子；所以，當遇到問題時，只能自己想辦法，如果自己的想法偏了，又沒有大人引導，其人格特質就會慢慢偏差掉。

有一位孩子是家中三個孩子的老么，爸媽都忙，跟兄姐爭吵時他永遠是弱勢，又沒有人可以支持他或聆聽他，所以只能用說話很酸及擺臉色來面對他的兄姐。刻薄話語是用來表達他的情緒及強調自己也很強壯；擺臉色則是，這是唯一他認為可以用來懲罰兄姐的方式。長期下來，他說話不溫暖，也因長期的對抗，他沒機會學習如何對人表達關懷，甚至認為表示關懷是一種示弱。在生活中，也發現他的問題處理能力不好，讓何事情都不處理，當最後狀況無法收拾時，只能強調自己不在乎

的繼續「放爛」。例如，當跟他人有衝突時，不懂得要問原因、不知道要道歉、也沒有做任何處置，當問題越來越嚴重、衝突越來越大時，就很帥性的說「反正我也不在乎」。此外，因為沒人引導，生活習慣也不好，如東西沒吃完就隨手放著，就算檔在每天必經的路上，還是可以視而不見的跨過去，一直到發霉發臭、受不了時才丟掉。

這些學習，如果父母參與其生活，或稍微觀察、了解一下，早就處理了。有些父母沒有陪伴、疏於引導，孩子只能依當下感覺來自行解釋，結果錯失薰陶品格的機會，還養成不好的生活態度與習慣，可見父母在孩子成長過程中進行引導的重要性。

三、孩子是父母的翻版

有人說，「要了解孩子是怎樣的人，看父母就知道」；有人說，「希望孩子成為什麼樣的人，父母要先成為那樣的人」，也有人說，父母不要太擔心孩子，只要你自己是什麼樣的人，或你懇切的希望孩子成為什麼樣的人，孩子自然可以成為那樣的人。這些都是強調父母身教的重要性，也顯示大人是孩子能否有好品格的重要關鍵。當父母不能體諒別人，怎能期望孩子善解人意呢？父母如果斤斤計較，怎能期待孩子大方分享呢？所以，當覺得孩子有問題時，大人應該檢視自己是否也有同樣問題，因為，在我的經驗中，所有的教育問題都在大人，如果希望孩子成長順利，大人就必須先改變自己。

在日記中記到一位我以前同學聊到他的孩子的問題，

*……他不斷訴說孩子（高中生）的問題，包括不聽話啦、翹課啦、成績很差啦、想退學啦、喜歡跟朋友混啦等等。他也提到自己已經非常盡力的想要力挽狂瀾，但孩子還是不改，這是他自己的命等等。在我來聽，孩子的問題其實是因為他而有的。他體貼不足、支持太少、缺乏與孩子溝通的能力、也弄不清楚孩子的需求，更沒有意識到，這些問題其實是他的問題，而不是孩子。」（**2013.12.27**）*

所以，品格教育的落實並不難，只要試著讓自己成為希望孩子成為的那種人就好了。就像德國教育家福祿貝爾（F. Froebel）說過，「教育無他，愛與榜樣而已」。

貳、父母的想法有盲點

因為父母對孩子的影響非常深遠，所以父母的角色就很重要了。許多父母努力扮演其角色，但有些盲點讓他們再怎麼努力都收不到預期成效，所以省思自己的盲點、看清楚真正的問題，是很重要的。

一、理念清楚卻經常違背

現代社會中資訊越來越發達，父母的教育理念都很成熟，但知道歸知道，很多父母在孩子的教養上，經常跟自己琅琅上口的教育理念相違背，而且還不知道自己違背了自己的想法。

其原因，可能是父母潛意識裡太擔憂孩子了，做判斷時受到典範制約的影響，結果是，大家怎麼做，也跟著怎麼做，而不是根據其教育理念。例如，我們都知道孩子快樂學習最重要，但很多父母讓孩子每天辛苦學習，還以為這是為了他們好。我們都知道認知不是學習的唯一、考試也不是最重要的，但我們還是希望孩子成績不要太差，至少要在中間（那麼，誰要在後面呢？）。再例如，我們都知道教育不能急，也知道揠苗助長沒有幫助，但才藝班裡還是有一大堆三、四歲孩子參加一個接一個的才藝課程。換言之，當父母擔心孩子輸在起跑點時，教育的落實就會經常與他們的理念不相合。

教育理念是可以訓練的，只要多聽、多看，久了就清楚了，但潛意識裡的擔心卻必須透過生命的省思而紓解。問題是，現代社會中，資訊獲得容易，生命的省思則沒有什麼快速方法，所以非常多父母是沒有在省思生命的。結果，因為潛意識裡的擔心，孩子的學習經常不是依循父母的教育理念，而更像是依循一個不穩定的人云亦云中。

二、對自己要什麼不清楚

父母經常對自己在做什麼、在想什麼並不清楚，他們總是後知後覺、總是在自我矛盾中，這也讓孩子無所適從。例如，孩子年幼時，大人希望他們趕快長大，長大了，又懷念他在跟前的小時候。孩子小時候需要大人陪，大人沒時間，孩子長大後不需要大人了，大人才開始嫌他們對自己不理不睬。孩子聽話懂事時，大人擔心他不夠機靈，孩子鬼靈精怪時，大人又希望他乖一點。孩子懶得動，父母急著送他去上運動課，他們狂

熱於運動時，大人又希望他能先顧好功課。換句話說，孩子不管怎麼做，只要大人沒有覺知、在擔心，就永遠沒辦法讓父母滿意。

其實，孩子都很努力的成為父母心中的好孩子，也希望能達成父母的期許，當父母對自己要什麼都不清楚時，久了，孩子乾脆就不要去在乎了，反正不管他們怎麼做，大人總會擔心。

這幾天看到現在很有名的主持人 Janet 的電視訪談。主持人問他如果人生可以重新選擇，他是否會做出放棄醫生而當主持人的選擇。Janet 的回答是，他現在很快樂，但如果當初選擇當醫生，說不定也會很快樂、當初選擇當模特兒，說不定也會很快樂。所以不知道，他只知道現在當主持人很快樂。

Janet 的回答告訴我們，他正努力的把現在的選擇活出精彩，至於他過不到的人生，就不要太去傷腦筋了，因為這樣他才能真正快樂。所以，讓自己清楚自己要的是什麼，真的非常重要。

大人到底在擔心什麼？孩子有什麼好擔心的？他們總是快快樂樂的長大，但父母總是在煩惱。

三、陷入典範制約思維中

大人的很多想法、甚至對孩子的教育落實，經常是典範制約的結果。孩子進入小學就應該要學習獨立，為什麼呢？是因為剛好進入一個新的體制，或者剛好大家都這麼期待？這些都不是對孩子發展及需求的觀察結果，而是典範制約的結果。當進入小學，大人潛意識中會希望孩子長大、懂事，所以什麼時候孩子需要陪伴、什麼時候需要獨立，經常不是透過對孩子的

觀察,而是透過跨過一個學制,那問題是,有些國家不是這個體制呀,100 年前也不是這個體制呀,所以,為什麼要遵循這個體制呢?如果你的答案是「因為大家都長大了啊」,那問題是,我們都在喊尊重個別差異,有些孩子就是發展快、有些就是慢,而且我們都知道快的不見得好、慢的也不必然差,那,我們在擔心什麼呢?

因為想法是依循典範的制約、是大家怎麼做,你跟著也怎麼做,所以,已經被證實失敗的教育方式經常會繼續被使用,許多現在年輕人的一些大人擔心的特質與問題,也會在你的孩子長大後重複出現。也就是,如果你不能看到大家習慣的想法與做法的另一個角度,並找到真正的問題所在,那現在的問題未來還是會出現,而且可能會每下愈況。

參、父母在教養上缺乏彈性

選擇在家教育父母的最重要特質,不是要有很高的學位或很有錢,而是要用心,以及要具備想法的彈性。然而,許多父母卻是相當缺乏彈性的。

一、很多父母太嚴格了

有些父母在教養上很嚴格,某些行為孩子就是不能做,或就是一定要做,違反了,就一定要道歉,這讓教養經常變成很強迫、很不愉快。我們家的要求都不是很嚴格,我希望保留彈

性及包容性，甚至孩子做錯了都沒關係，只要知道要怎麼改進就好了。決定採取寬鬆的管教態度，是源自於一個觀察。

> 有一些孩子在爸媽面前很聽話，爸媽一不在，就好像脫韁野馬，這樣的孩子都是因為父母是用嚴格的規定方式在進行教育。我想，孩子還小、還可以接受我的管教，等我管不動了，又要誰來管他們呢？所以，在可以抓著的時候就放手，讓孩子在你的關注下練習成長，總比未來管不到、管不動了，才遺憾沒練習過放手的教育。（2014.12.27）

　　我期望自己能當個孩子心中的好媽媽，而且寧可孩子在我面前胡作非為，到外面時知道應對進退，所以我一方面讓孩子在家裡很輕鬆，另方面，我在確認安全無虞時，會讓孩子離開我的視線，去自己處理問題。我發現，淑惠在外面的表現不錯，但只要回到家裡就會欺負我，這其實是很棒的感覺，雖然偶爾還是會讓我抓狂。我相信，當親子間互動良善時，孩子不管怎麼發展或改變，絕對不會離譜，而且他們也會比較容易心悅誠服的聽從你的引導與教育。我選擇要享受親子間的溫馨，也決定讓家裡的教養是一種溝通、說明及提醒，所以孩子可以平心靜氣、花長一點的時間來了解、認同我的教養內容，而不是「必須遵守」。

　　有時候，淑惠受不了我的「不嚴格」，而會開始自我要求，甚至比我嚴格要求他時做得還要好。所以，為什麼父母要這麼辛苦的嚴格要求，然後讓孩子也很辛苦呢？放輕鬆、多陪伴、享受親子間的互動，並在互動中經常交流，這會是更溫暖的教養方式。

二、很多父母缺乏想法彈性

　　要落實在家教育，清楚的教育理念很重要，但想法的彈性與調整可能更是關鍵。這是因為孩子的變化非常大，教育理念必須隨時改變、適時調整，才能滿足孩子不同階段的需求。此外，當你將孩子申請回家學習時，周遭的人會好奇的想瞭解，或擔心的想關心，所以周遭的擔心與建議很多，你的教育理念可能會在過程中受到影響，甚至慢慢失焦。

　　然而，我發現很多人都缺乏想法調整的特質。一個佛教故事是[23]，如果你的杯子是滿的，就再也放不進任何新的東西了。很多人的杯子裡都沒有多餘空間，只是大家都不自覺。例如，社區有個年長的媽媽提到他不喜歡這個社區，因為他不會開車，每次要買東西都很不方便；建議他可以利用宅配，而且還有很方便的宅配電話可以給他，然後他說，宅配的方式他不習慣；再建議，不然跟美國人學，每周去大採購一次，然後他說，他就是習慣一兩天就去買一次；再建議，不然就接受坐計程車囉，其實想想，每次出門只需要 200 多元而已，然後他說，買菜就是要用自己的車，載運才比較方便。

---

[23] 飽讀詩書的學者拜訪南隱禪師，希望能尋求禪的道理。南隱禪師為學者倒茶，茶從茶杯裡滿了出來、流到桌子上了，禪師仍繼續倒著……。學者嚇了一跳，急忙阻止，禪師不理會的繼續倒，直到整壺茶都倒完為止。之後他對學者說：「你就像這個裝滿茶的茶杯一樣，心裡和腦子裡裝滿了自己的想法與理論。你來我這裡尋求有關禪的學問，若不肯在心裡清出空間、虛心接受我的道理，你要我如何教你呢？」

　　這樣的思維方式其實是缺乏彈性的，他的問題不是沒有解決的方法，而是他看不出那是個問題，所以找不到改善之道。當不能覺知這是個問題時，他只能不斷的埋怨生活，然後發現人生充滿了不幸，追根究柢，其實是他的想法缺乏彈性。我的角度和他非常不同，我認為這是非常棒的社區，對外交通很方便，吃飯買東西樓下就有。所以，如果能看到不同角度，會發現所有問題都是因為想法缺乏彈性而已。

　　在教養上，未嘗不是如此呢？有些父母看不到自己的問題所在，但堅持用他的想法來落實在家教育，結果孩子辛苦，父母自己也不輕鬆。沒有任何一種方式是最好的，也沒有任何孩子的發展一模一樣，所以，想法上的彈性，以及依孩子的觀察來運用不同的教養理念，可以讓我們找到最適合的教養方式。例如，聽孩子的話就是一種彈性，但這是門非常難的功課。很多大人都在對孩子發表演說，而聽不到孩子的話語，一部新加坡的老片子《小孩不笨 2》[24]，就是將大人聽不到孩子話語的情形拍成一部片子，而獲得許多迴響。

三、很多父母太正經八百了

　　父母面對挫折、失敗時，如果用輕鬆的心態來轉念頭，除了自己的人生可以更寬闊外，孩子也會學到你的輕鬆自在，所以有幽默感是非常重要的。幽默教育是很難落實的，原因是很多父母都太正經八百了。

---

　　[24]《小孩不笨 2》（I Not Stupid Too）是新加坡電影《小孩不笨》的續集，2006 年發行，由梁智強自導自演。該片諷刺新加坡教育，尤其對家長教育方式，更是提出許多需要省思的地方。

　　我是個輕鬆的媽媽，可以跟孩子玩在一起，又因為童心重、會跟孩子胡扯，也能完全接受孩子的所有怪點子，所以可以跟孩子的朋友玩在一起，甚至常常輪到被一群孩子欺負的結局。我先生則常常「變得笨笨的」、常常被淑惠講一講就「不知不覺」、「很容易被乎嚨」的聽他的話而購買他想買的東西。就是在這種充滿愛，以及較少父母權威的互動中，孩子可以挑戰禮教、權威所不允許的話題，也可以看電視大笑、可以跟父母胡扯，也可以輕輕鬆鬆的嘗試或犯錯。

　　幽默感教育的關鍵，在於父母的態度是否能較少權威。孩子非常在意大人的反應，只要大人一嚴肅，孩子馬上變得拘謹，所以，只要父母再放鬆一點，會發現親子關係是可以更親密的。

肆、父母角色的省思

　　在家教育的父母相當辛苦，所以，要能夠享受你的角色，才能長遠的堅持下去。而在我的經驗中，發現當慈祥的父母，會比擔憂孩子學習的老師角色更讓人享受。

一、父母要享受其親職

　　在家教育的美好，必須在辛苦經營後才能領受，很多人在領受之前就放棄了，並歸因他人的錯，包括「原來在家教育沒那麼好」，或「原來我的孩子不適合在家教育」等。我的心得是，找對方法陪伴孩子成長時是非常喜悅的，只有大人能夠持續、

不斷的改變與調整，才能慢慢感受到最後的甜美。認真的人最美，只要認真的築夢，就能踏實的生活，甚至歡欣的收割。

我認為，如果不能享受在家教育的過程、父母會因為覺得犧牲太多而無法長久，所以，享受在家教育、享受與孩子的互動，會是在家教育能否順利執行的重要關鍵。一年級時，我的工作太忙、無法享受在家教育的歷程，所以對在家教育感到非常挫折，甚至質疑過這個決定。二年級時因為投入了，每天都很快樂。換言之，當不能投入、不能全心全意、想在家教育又要享受個人自由時，很難感受到在家教育的樂趣；投入越多、收穫越多，享受也自然越多。其實，未來能不能成功誰也說不準，但，現在每天做得開心就對了，未來是不用太在乎的。

我很幸運的對在家教育的種種感到非常狂喜。我先生是家庭主夫，我陪孩子的時間卻比他還長，雖然辛苦，但過程中的甜美我得到的也比他多。其次，我認為陪伴孩子的過程讓我跟著重新成長一次，小時候沒看的書現在可以用孩子的方式再看一次、小時候匆匆忙忙忘記的很多感覺，也可以再體驗一次，人生能活兩次是多麼寶貴的經驗。最後，看著孩子長大、成熟，陪著他每天開心、探索，讓我對生命也有很多省思，如果沒有來這麼一遭，是體會不到的。

二、當媽媽，還是當老師的省思

在家教育過程中，我曾經試圖扮演媽媽及老師的角色，但慢慢發現，二年級孩子不見得需要老師，他需要的是一位有智慧的媽媽。

例如，「孩子學才藝不能只是經驗一下，要做就要有個樣

子，而且要有負責認真的態度」，這是學習面的要求、是老師角色所關心的學習。老師角色的要求孩子可以很快就抓到，但我越來越多的要求是在提醒他要關心別人、要分享、要心存良善等。我發現，媽媽角色跟孩子的價值觀、態度、生命意義感的關係很大，所以，我越來越重視媽媽的腳色。

　　在家教育的一開始我試著當老師，母女感情就是淡淡的，會覺得孩子總是不用功、不懂事。決定當媽媽，而且是個關心孩子的媽媽後，親子關係變得非常親密，孩子也變得越來越體貼可愛的。當了一輩子的老師，我真的越來越喜歡當媽媽了。

第五章/學習領域篇

本章目錄

壹、音樂
一、 奧福音樂的接觸
二、 鋼琴團體課
三、 鋼琴個別課
四、 小提琴的學習
五、 綜合討論

貳、外國語言
一、 媽媽主導的教學
二、 才藝班老師的教學
三、 自主學習的嘗試與調整
四、 網路資源的運用
五、 綜合討論

參、人文素養
一、 放牛吃草的階段
二、 積極伴讀期
三、 消極伴讀期
四、 綜合討論

肆、體能活動
一、 舞蹈的初接觸
二、 狂熱期
三、 倦怠期
四、 轉換期
五、 綜合討論

　　專業學習主要包括媽媽設定的音樂、外語、人文素養三個學習領域，以及孩子主動爭取到的體能。

壹、音樂

　　淑惠的音樂學習始於父親的期望，但慢慢成為其主要學習內容，則是因為他在這方面的能力表現。淑惠的音樂學習不算早，學鋼琴時已經快七歲了（一年級上），學小提琴則已經快八歲了（二年級上）。在學習的這兩年間，淑惠自言對學習樂器很有興趣，只要父母提醒就能固定練習，但時間不長，也沒有父母期望看到的學習熱情。不過，他的學習成效還不錯，可能是因為他的專注力很高，音樂性也不錯吧。

　　淑惠的音樂學習，包括初期的奧福音樂課程，以及之後的鋼琴團體課、鋼琴個別課，以及小提琴課。

一、奧福音樂的接觸（2013.3-2013.9）

　　爸爸本身音樂素養不錯、希望孩子也能接觸音樂，所以在淑惠大班下學期時找鄰居念音樂班的姊姊來教他鋼琴，但每次去，淑惠都要姐姐畫畫，對學鋼琴這檔子事完全排斥。之後，因為我的幼教背景、知道奧福音樂的理念很適合初學音樂的孩子，所以安排參加「音樂列車」課程（2013 年 3 月）。該課程提供給三歲以上孩子、總計六個階段的學習。淑惠去的時候已經六歲半了、必須插班，偏偏第三階課程的時間我無法接送，

最後決定直接上第四階的課。老師擔心淑惠沒有前三階建立的概念、會趕不上同學，免費提供幾次個別課程，協助他建立上第四階課程所需具備的前置能力。

在音樂列車的階段，他回家從不複習，但總也趕得上同學。我當初的想法是，奧福音樂的精神是快樂學習，所以孩子回家沒練習是沒關係的；對於沒練習卻趕得上同學，我的解釋是他的年紀比同學平均大上一兩歲、理解力較好，所以是正常的。

每次上完課，我總是問他課程好不好玩，我希望這個習慣能讓他知道我關心他的學習，以及希望他能學得開心。他期望去上課，每天都開開心心的，但回家從來不練習。

二、鋼琴團體課（2013.9-1014.3）

淑惠上了第四階及第五階的音樂列車課程之後，又因我的時間無法配合，加上淑惠年齡確實較大，在與老師討論後，決定在他一年級上學期時（2013 年 9 月）進入鋼琴團體課。

鋼琴團體課有三位學生，一位比淑惠小半歲多，一位小快一歲。老師不斷提醒父母在進入鋼琴學習後要協助孩子建立練習的習慣，但淑惠回家一樣不練習、一樣趕得上同學。家中當時準備的是電鋼琴，他碰都不碰。

到底要堅持建立練習習慣，還是要細心呵護他的興趣的不強迫他練習？老師說興趣很重要，因為學音樂的路很長，學慢一點沒關係，但重要的是要一直喜歡下去。在面對不管說好說歹淑惠都不練習的情況下，因為不知道不練習是不是可以維持興趣，以及強迫練習是不是就會扼殺興趣，讓我覺得非常茫然。當茫然時，會想求助，老師在上完課後會跟家長聊，但時間很

短，所幸我發現，才藝班老闆一直都在教室外面，他們非常有理念，也很熱情，所以聊的機會反而多，成為我的一個重要支持系統。

鋼琴團體課有四階。第一階很簡單、多是遊戲，淑惠回家不練習就安全過關了；第二階的課程較難、需要練習，我又沒辦法讓他在家練，只好求助才藝班，並得到每周額外 20 分鐘、由助理老師陪他在教室中練習的協助。其他兩位同學也都請求相同協助，可見課程確實有難度。

在這個掙扎階段，爸爸在除夕夜前一天（2014.1.29）買了一台平台式鋼琴，孩子馬上愛上鋼琴。一開始練習，他就跨過難關，甚至沉迷在彈奏的快樂中。由此發現，工具很重要[25]。過年後回到課堂時，淑惠因為開竅了、程度超前、課程變得太簡單，老師又因為有另外兩位學生、不能加快上課速度，所以不久淑惠回家練習的動力又沒了，甚至開始上課的興趣缺缺。在與老師討論後，終於開始安排淑惠的鋼琴個別課。

購買鋼琴是對孩子高期望的一種表達方式，但這個高期望會不會變成孩子的壓力，或成為大人要脅孩子練習的武器，這是大人必須自我檢視的。很多現實生活的故事不就是如此嗎？為了孩子好，買了個高貴鋼琴給他，然後期望他能因此每天練習，當孩子沒有練習時，這個當初的好意就變成爭執的起點。最後是，孩子寧可爸媽沒有買，也不希望爸媽的這個禮物變成威脅孩子的工具。所以，我們謹慎的只是買，但提醒自己不要給孩子壓力，而讓一樁美事添下爭執的因子。

---

[25] 很多父母會想等確定孩子對鋼琴有興趣後才購買，但發現許多學不下去的孩子都是因為家中沒有鋼琴、無法練習。所以，我建議家長可以購買中古鋼琴，如果孩子最後不想學，可以再用中古琴的價錢賣掉。這個程序可能會折損一些金錢，但總是比冒孩子因無鋼琴可練而失去學琴興趣的險。

三、鋼琴個別課（2014.4-現在）

　　2014 年 4 月開始鋼琴個別課。老師氣質很好、很溫柔，而且非常重視孩子的興趣，並鼓勵我以輕鬆心態來面對孩子的學習。上課時我沒有進教室，課程進行方式不清楚，但知道老師和孩子維持非常好的朋友關係，每周也都有固定進度。這個階段的學習大概又分為以下幾個時期。

（一）興趣期

　　團體課期間，淑惠已經對鋼琴產生興趣了，所以個別課要在家練習不再是難事，但練習的時間一直都很短。老師說孩子要盡量每天練琴一個小時，可以用慢慢拉長時間的方式來達成，但我怎麼執行都無法達成。四本教材，每周每本教一首新曲子，四首在不熟時，各練兩次才 15 分鐘，熟了以後，彈三四次也只需 10 分鐘，怎麼撐都撐不過 30 分鐘。此外，淑惠每天練習 10-20 分鐘，就可以通過老師的驗收，所以實在不知道該如何來拉長練習時間。有一段時間我硬坳到 40 分鐘，也就是一首曲子每天練個五六次、甚至七八次，但學習成效沒有比較好，反而孩子越來越排斥、越來越會拖，幾次後，我們又回到每天 20 分鐘的模式。

　　老師每次上完課都會跟我做些提醒與說明，他總是說淑惠表現很好、學習速度很快。我也在這個階段，發現他在音樂方面的天賦，包括當他會唱一首歌時，就能彈出其旋律、能判斷某個旋律好不好聽、知道彈奏時需要有情感，以及背譜速度超

快等。我並不是一開始就看出他這方面的天賦，而是到他學了半年多、對鋼琴有興趣後才看出來。

（二）媽媽介入期

儘管看出孩子的天賦，但他還是小、還是喜歡玩，學習一直沒有什麼熱情。國小二年級結束前，他對樂器的學習就是「喜歡」，但並沒有「熱中」。我接受他的愛玩個性，只要他持續每天練習 20 分鐘，我就很開心。其實，我是在期待他的「開竅」，就是開始懂得學習的態度、開始知道他在這方面的天賦。但在過程中，我還是不自覺的有過幾次介入，由此發現，當父母看著孩子在「無所事事」、「浪費青春」時而不介入，真的很難。

首先，因為練的曲子很快就能上手，慢慢的，孩子知道練琴不難，所以開始分配時間，也就是，他會算還有幾天才見老師，所以不必當天把曲子全部練完，所以練琴的熱力總是不高。但，只要是他認為好聽的曲子，學習的速度可以非常快，幾乎一、兩天就可以練熟，可見他對音樂是有自己的想法和判斷的。2014 年 10 月左右，我跟老師提到這個發現，希望老師能考慮增加學習的難度，但老師溫柔且堅定地重申興趣最重要，並維持他的教學模式，而孩子也維持很低的練琴動力。

幾周後，我問老師如果讓淑惠自己彈「給愛麗絲（簡單版）」可不可以，他同意，但提醒不要勉強。淑惠對自行彈奏「給愛麗絲」沒什麼興趣，我耐著性子鼓勵、利誘都沒用。兩個月後，有一天（2015 年 1 月）我試圖將練習時間拉長到 40 分鐘，練到沒東西可以練了，乾脆柔性的強迫他彈。一開始淑惠推說老師沒教、所以不會，但我堅持加慫恿加生氣，結果他兩天就在完全自己來的情況下彈熟了這個曲子。下次上課時經過老師指

導,又更嫻熟。孩子非常有成就感,持續狂熱彈奏「給愛麗絲」,但這個狂熱之後,下一個曲子又是推說老師沒教、又是動力不高。

此時,我的想法也慢慢調整,尤其是看到孩子遇到還沒教的曲子,嘗試都沒嘗試就說不會,勉強他時確實會進步,但下一首又回到同樣的狀況時,才發現孩子如果沒有內在的學習動力,大人引導出來的動力其實是不長久的,所以,我變得越來越不想介入了。

(三)進步維持期

隨著年齡的增長,淑惠朋友越來越多、學的東西越來越廣,加上音樂班考試要以小提琴應考、需要花時間練琴,所以鋼琴的進步趨緩。此時,我不再管他如何練習,只是很簡單的陪他,並發現,放輕鬆練習鋼琴的進步速度雖慢,但這可能是非常重要的經驗,因為孩子可以在不被大人緊迫盯人的狀況下享受學習、不趕進度、一切慢慢來,畢竟樂器的學習時間很長久,快樂真的最重要。

在這個階段,我在孩子鋼琴學習上的腳色從一個鼓勵者、推動者、修正者,轉化為單純的陪伴者,也就是,我越來越不會去主導或加速其學習,而是簡單的在他彈琴時坐在旁邊、給他讚美和鼓勵。我深深體悟,樂器能否學得好,必須有孩子自己的內在動力,旁人真的只是陪伴者、加油者、是急不來的。

雖然淑惠的鋼琴練習不是很積極,但在二下結束時的才藝教室成果表演中,表現卻相當好,也就是在近兩年的鋼琴團體及個別課程之後,他的鋼琴彈奏能力是還不錯的。因此,我更有自信的給他最低的練習要求,期盼他能至少維持現在的學習

模式，至於他未來能不能狂熱於此，甚至有更多發展，就看他自己了。我能做的是等待，並在等待中繼續陪伴。

四、小提琴的學習（2014.9-現在）

爸爸堅持孩子應將所有精力放在鋼琴的學習上，所以不應增加其他學習，我則看到孩子鋼琴的學習太輕鬆，而且相信兩種樂器交替可以彼此受益，所以希望增加另一個樂器的學習。在父母態度不一致的衝突下，孩子一直沒有學另一個樂器，直到二上時有個非常便宜的小提琴課，局勢才有轉圜。

（一）小提琴課的開始與挫折

屏東市一個社區大學有提供孩子的小提琴團體課，20 堂課才 2500 元。因為學費實在太便宜了，加上爸爸也沒反對，所以就成行了。知道這個訊息時（2014.9 中），該班已經上了三分之一的課了。我知道淑惠音樂性不錯，加上社區大學學生學習的心態可能較輕鬆，所以大膽請求老師讓他插班。果然，在買了小提琴後的第三次課程時，淑惠的程度已趕上同學，甚至超越了。至此我才發現，淑惠平日練鋼琴的時間雖然不長，但因為他的專注力高，加上已有每天練習的習慣，所以小提琴的進步非常穩定且快速。

這位老師教得很好，但比較嚴格，淑惠偶爾提到會怕老師，後來，在上了約十周的課之後，他拒絕再去上課了。爸爸已經幫他買了一把我們覺得很貴的中古小提琴、不能接受他這麼快就放棄，我則因為老師教得不錯而期望孩子繼續跟他學習。孩

子有時明確表示不要跟老師繼續學，有時跟我敷衍，這樣反反覆覆，美其名我們在持續溝通，事實上日子就是空轉了近兩個月，孩子的小提琴學習則完全中斷。最後，我放棄說服、嘗試在陌生的屏東市尋找我更陌生的小提琴師資，所幸在 2014 年 12 月 26 日，經過一番波折後，找到了接替老師，開始小提琴的個別課程。

（二）小提琴個別課程

在溝通協調階段，我覺得錯失原來的老師很可惜，在找到新老師後，我則很開心最後放棄的人是我。因為發現，學琴的人是孩子，所以他的需求最重要；況且，每位老師都有其專長與特色，確實應該找到孩子能接受的師資。但，有多少大人能這樣看問題呢？

我發現，我們常以大人的角度來看問題。我覺得老師不錯、教得也很認真，當孩子表示適應不良時，我會期望他要去克服、要去超越自己。但現在想想，換的這位老師也很不錯，孩子也因此喜歡上小提琴了。所以，所幸最後是我妥協，孩子才能展開快樂而有效率的學習。有時候大人真的不必太過堅持，聽聽孩子的意見，或許可以有更寬闊的世界。（2015.2.13）

新的小提琴老師很懂得與孩子互動，也能慢慢加強其學習，淑惠很快就喜歡上新老師，但對學小提琴還是排斥。這可能是因為之前的挫折，也可能是小提琴的入門確實比鋼琴難，包括要看譜、要注意弓、還要聽音準，也就是需要更多的專心。淑

惠對要站著上課及練習也無法適應，並表示每次拉完琴都腰痠背痛。

　　才剛換新老師、也表示喜歡這位老師，但沒上幾次課淑惠就說還是不喜歡小提琴，我直覺他在逃避比較難入門的小提琴，所以跟他協議，如果過了農曆年（2015.2.19）他還是不喜歡，那時再來放棄。我希望他再多點嘗試，而不是察覺困難就逃開。

（三）考音樂班

　　此時，我對是否要讓淑惠考音樂班有非常多的猶豫。想考，是因為我在找尋小提琴師資時發現所知非常有限、確實需要更多的資源及協助；不想考，則是因為聽到太多有關音樂班的負面傳聞。在第五次小提琴個別課時（2015.1.23），我詢問老師考音樂班的優點與缺點、跟他表達我的猶豫、詢問淑惠用小提琴考音樂班的可能性，以及，就算最後不考音樂班，是否可以用準備音樂班的練習來上課等想法。老師表示認同，並提到現在考音樂班不難，一邊學、一邊準備，應該沒問題。當時淑惠的小提琴還在起步，做這個詢問只是基於淑惠學習速度很快的脆弱自信，但老師的體貼與善解人意，讓我好感動。

　　2 月 27 日，老師開始讓淑惠練考試的自選曲，而且是用平常上課的方式教，並沒有感受到準備考試的壓力。淑惠學得很開心，也沒提到過年前我們的協議（過年後如仍不喜歡小提琴就換樂器），所以我認為他已經適應及接受小提琴了。一個月後，三月下旬，淑惠又告訴我他還是不喜歡小提琴，此時，我決定接受他的想法、同意讓他中止小提琴，並開始詢問其他可能的樂器，以及是否有相關師資。當時的想法是，「當他適應不良時說不喜歡小提琴，我認為可能是逃避，但他都已經拉得不錯了，

還跟我說他不喜歡，就可能真的不喜歡這個樂器了。」(2013.3.20)

　　就在幫他另尋樂器及師資時，爸爸堅持淑惠還是要考音樂班。再一個多月就要考試了（考試時間為 2015.5.2），如果要考，就必須繼續用小提琴考，所以，只好再跟淑惠協調，再撐一個月，等考完後再來換樂器。善解人意的淑惠也同意了。

　　淑惠的音樂班考試表現不錯，老師也提到他臨場很穩定、是個適合比賽及表演的人，最後，淑惠考上音樂班，而且在報考的 13 支小提琴中進入入選的前七名。到考試前，扣掉中間尋找師資的兩個月，淑惠學琴的時間總計只有短短的六個多月。

　　在考完試後，淑惠宣稱他已經適應小提琴，所以不必換樂器了。我想，他是因為成就感而接受小提琴，也就是，他應該是個喜歡自我挑戰的人，只是現在年齡小、還是愛玩，所以不想比賽或考試。

五、綜合討論

　　以下，僅就我讓淑惠考音樂班的原因、我對孩子天賦及學習熱情的看法、對大人陪伴及音樂欣賞之重要性的思維、以及大人角色等方面來進行討論。

（一）考音樂班的思維

　　要不要讓孩子考音樂班，其實經過很多思維，最後是由爸爸做出決定。我在思考這個決定時，考慮到孩子在音樂學習上我所知有限，能做的不多，以及，他在同儕互動上的需求。

　　首先，屏東相關的音樂資源較少，我又不是很熟悉，找小提琴老師的過程更是讓我意識到找尋資源的困難。如果能利用音樂班的資源，至少老師都經過學校篩選、學養應該都不錯，那我就不必擔心因我的不足而浪費了孩子的天賦了。當然，做決定時，也聽到許多音樂班的負面傳聞，包括老師會讓孩子學超過他們程度的曲子，結果學生在基礎不足的狀況下畸形成長，或者，因為學費壓低，老師教得不是很認真等等。對於這些說法，我只能說我盡量注意。

　　其次的考量，是有關人際互動。淑惠喜歡交朋友，而且希望「要有很多很多朋友」。目前，他朋友不多還沒什麼問題，因為此時與家人的關係更為重要，但五六年級對朋友需求更大時，因為大家都已經有固定的朋友、很難再打進這些朋友圈，那時再來想辦法可能就來不及了。所以，到音樂班，可以有同班同學，應該可以滿足他在交朋友方面的需求吧。

　　目前確定讓淑惠去讀音樂班，並計畫音樂的專業課程（包括音樂理論課及個別樂器課）回校上課，其他學科還是以在家教育的方式進行。但我坦言，我不確定孩子能讀多久，包括孩子能否適應部分回學校的生活（他在二年級時才決定不去學校的，尤其考音樂班又不是他的決定，能否堅持不是很清楚），以及，老師是否能如我們期望的引導淑惠，並提供學習上的協助也不肯定。但我想，反正邊走邊看，如果真的不適應，退出來就好了。

（二）孩子的天賦不是一下就看得到的

　　有位家長送孩子去上某個才藝課，發現孩子的表現不好，所以認為孩子沒有這方面的天分，並計畫去嘗試其他才藝課程。

我的經驗是，孩子的天賦不是馬上就看得出來的，我的孩子對音樂的敏感度，是在經過半年看起來沒有天分，連興趣都缺缺的狀況下，在終於喜歡上鋼琴後才出現。當孩子表現不好時，我們只能說他現在做得不好，不能斷言他沒有天賦。

　　家長在決定孩子是否繼續某項學習時，會看他在這方面的能力表現，而較少注意到孩子眼中的渴望，也較少能等待孩子潛力與興趣的開展。我發現，孩子對很多事物並不是一開始就表現出能力，更不是一開始就有興趣，而是在興趣和能力交錯一段時間後才慢慢顯現。例如，在二年級初期，淑惠強調他的所有才藝學習有「不考試、不比賽、不表演」三大原則，但在幾次表演經驗後他改變心意，開始願意表演及比賽，但還是不要考試。這個改變，是在二年級結束時才開始。所以，因為孩子沒有清楚的自我了解，如何引導與鼓勵他們持續嘗試、幫助他們進入興趣，是一件非常困難的事。

　　家長要維護孩子的投入、要具備慧眼的看出孩子的天賦，並引導他進入興趣，真的是門大學問。所以，我戒慎恐懼的面對我孩子的音樂天賦，希望不要在我手中浪費掉了。

（三）大人期望看到的學習狂熱不是經常有的

　　淑惠表現出音樂上的天賦，也似乎享受樂器的彈奏，但我期望的學習狂熱或主動性，這兩年卻一直沒出現。在他的舞蹈及溜冰才藝課中，有一、兩位孩子目標清楚、執著地投入其學習，但淑惠一直都是「學得開心就好」的心態。我曾經羨慕，但這樣的孩子畢竟是少數，而且想想，淑惠雖然沒有狂熱，但循序漸進、表現出色，其實這就夠了，畢竟他還只是個孩子，我需要的只是繼續等待他的開竅吧。

　　這個想法其實受到我自己學習相當晚熟的經驗影響。我小時候相當晚熟，功課怎麼讀都普通，經常丟三落四、搞不清楚狀況，因此對學習沒自信、沒興趣，對自我也無法肯定。不過當成熟時，自然而然地就趕上了，之前太強調努力，反而成為學習上的心理障礙。我期望淑惠未來開竅時能有一些基礎，而不是百廢待舉的從頭來過，所以，現在的學習，我只期望他喜歡，並有定期練習就好。

　　我相信，一個成功的人，是可以把手上的任何牌都打出最好的結果。我接受這就是我的孩子，沒有狂熱，但有興趣，而或許，真正的狂熱會在足夠的等待、等待孩子更成熟後出現。我接受孩子的成長方式，並相信，這是世界上最好的安排。

（四）陪伴是維持樂器練習的關鍵

　　很多父母感嘆，叫孩子練琴總是拖拖拉拉，學的成效又不是很好，所以結論出孩子很被動、沒辦法自己督促、不能夠自我負責，甚至不具相關天賦。

　　樂器練習的每個階段都有要跨越的難處、是非常辛苦的，加上是獨自練習、沒有同儕互動，對年齡小的孩子來說更是困難。當孩子練習不足、成就不高，加上父母認為他被動時，其樂器學習的自信可能就消失了。所以我認為，讓孩子自己練琴是不好的做法，因為這個階段的孩子本性愛玩、大多希望爸媽陪伴、自己一個人時多不能專心，學習成效自然不好，甚至可能因此認定自己沒天賦，或喪失學習該樂器的動力。結果是，家長跟孩子都非常挫折。

　　如果不想抹煞孩子學琴的興趣與自信，父母陪著練習非常重要，甚至，與其他才藝相比，鋼琴練習的陪伴可能更重要。

我的作法是，我盡量在孩子練習樂器時坐在旁邊，什麼事都不做，有時嚴肅的監督，有時慈善的讚美。奇特的是，孩子只要你坐在旁邊，他就可以很安心、穩定的學習，也容易有成就感，對樂器的學習也會有信心。其實，不只是樂器練習，孩子在這個階段的任何活動都希望有大人陪著，就像國中時任何方面都不希望你陪一樣。

（五）音樂欣賞的重要性

台灣的音樂教育嚴重偏向樂器學習，所以學音樂孩子的生活，就是永無止境的樂器演練。樂器練習是辛苦又長期的過程，如果只有這個單一面向，孩子對音樂學習的感覺就是辛苦而單調。

剛與小提琴個別課老師見面時，老師問我孩子喜歡什麼曲子，我不知道，因為我們生活中除了樂器練習外，並沒有音樂的欣賞。因此，在二上的寒假，我試圖透過網路找尋各種音樂，並跟孩子一起聆聽。我們在欣賞音樂時會抱抱躺躺，之後會隨意聊聊、一起唱歌，或找找音樂知識的網路[26]，甚至在喜歡上某些曲子或旋律後，淑惠會試著自己彈奏出來，有時還會自己編舞。這時才發現，音樂的學習不只是學樂器，音樂的聆聽與分享，或者與孩子一起「玩音樂」，可能是更棒的音樂學習。

因為這段聽各種音樂的歷程，淑惠愛上了唱歌，不只我們的音樂活動中經常在唱歌，也開始用唱歌來學習英文。淑惠第

---

[26] 1. 音樂欣賞。2015 年 12 月，取自 https://market.cloud.edu.tw/content/primary/music/tn_dg/content/themes/enjoy/enjoy.htm。

2. 國立台灣藝術教育館，古典音樂欣賞。2015 年 12 月，取自 http://web.arte.gov.tw/classical-music/index.htm

一首自學的歌是冰雪奇緣中的「Let it go」，之後則是一些坊間、聽了很容易就忘掉的流行音樂。有一天（2015.4），一位老師提醒我要讓淑惠接觸藝術歌曲，否則他的音樂性會受限，所以，我試圖引導淑惠學唱某些歌曲[27]。一開始淑惠的興趣不是很高，因為孩子間不流行這些歌，慢慢地，他開始哼哼唱唱，甚至主動要求想正式學唱歌。在二下結束前，孩子說他變得很喜歡唱英文歌，我們也決定在三年級時找尋唱歌師資，並正式的學習唱歌。

透過音樂的聆聽與分享，我們的音樂課程快樂多了。如果希望孩子維持對音樂的興趣，音樂欣賞可能是一條最好的路。

（六）不會樂器的父母也可以陪伴孩子學習

媽媽不會音樂就無法提供良善的教導，這是真的，但我更相信，不會音樂的媽媽不只可以帶出會音樂的孩子，還可以因為你的不會而讓孩子必須學習自己解決問題，而發展出他在音樂學習上的獨立性。我不懂音樂，孩子很快就發現無法從我這裡獲得協助，所以在上老師的課時會更認真，慢慢的，就會自己肩負起學習的責任。

其實，不會樂器的父母可以透過音樂的欣賞、聆聽、討論，以及對孩子的支持與讚美，甚至讓孩子教你等方式來扮演其支持的腳色。也就是，音樂學習不應窄化在樂器的練習，願意陪伴孩子的父母，應是最能跟孩子一起享受音樂美好的人。

---

[27] You raise me up, I dreamed a dream, your love will go on, memory 等歌曲

貳、外國語言

外語學習納入淑惠的在家教育學習內容，是因為媽媽認為孩子不管未來如何發展，都需要具備與國際接軌的外國語言能力。然而，媽媽也知道，外語再重要也只是個工具，只要能聽說讀寫、自在使用就可以了，不需要學得很深（除非有個人的興趣）。我期望孩子在小學結束前，對所學的外語應該要達到聽說讀寫都略通的程度，這樣，未來才有可能將它當成工具的自在使用。

淑惠的外語學習包括英語及日語，英語會簡單的聽說、日語則尚未看到明顯成效，但以孩子學習語言的優勢，相信一定有進步的空間。

一、媽媽主導的教學（2013.1-12）

本來計畫在三年級時讓孩子開始學習外語，提早到小學一年級是因為在一升二的暑假，我有帶孩子到美國拜訪老師的計畫。

孩子學習英語，一開始是由英語不錯、也是當老師的媽媽來教。那時，我並沒掌握到國小一年級孩子的學習特性，加上工作忙、無法全心投入、所有孩子都習慣跟媽媽賴皮，所以學習成效並不好。

當初，我自認為教孩子英語很簡單，所以時間無法投入也不在意，結果學習曠日廢時，只要我沒要求，孩子的學習就中止。此外，我希望孩子能自主學習，但如前所述，自主學習是

必須學習的，把教材丟給孩子無法促成自主學習，但當時的我並未意識到這個問題。最後，當媽媽又要當老師是很難的，因為孩子跟你太親密了，所以會撒嬌、會賴皮，結果，該有的進度一拖再拖，讓我身心俱疲。

二、才藝班老師的教學（2013.12-2014.6）

在媽媽的教學下，一個多月後淑惠的英語沒什麼進步，在無可奈何下，我只好求助才藝班。老師是英籍南非人，所以發音不錯；學習內容是偏向唱歌、玩遊戲的模式，進度不快、學的東西也不難，但孩子學得很有興趣、很認真、成效也不錯。後來，因就讀的孩子進進出出的，後來同學的平均年紀比淑惠小很多（相差兩、三歲吧），結果學習內容重覆、進度太緩慢等。在跟著這位老師學習半年之後，剛好我們出國，回國後，淑惠決定不再接續了。

> 發現，出國一段時間，也就是學習停頓一段時間，學習方式會有變化。是好或是壞，看你如何看待這個改變，如能發展更好的方法，則變化是好的。重點是，我們應該培育出能力，將所有改變都善加利用。」（2014.8.16）

在英語的上課期間，經由同學媽媽的介紹，也開始上日語才藝課（2014.4 開始）。淑惠對日語很有興趣，也確實有些學習成效，但兩個多月後我們出國（2014.6 中），回國後，我因為交通接送較遠而建議中止，所以淑惠的日語基礎還沒來得及建立，就退出老師的教學了。

　　孩子在這個年紀出國，因為成熟度不足、英語基礎不好，雖然人在當地了，進步卻非常有限。在美期間，我們是住在美國老師家，淑惠還交了一個跟他同年齡的外國朋友，但因為個性活潑、天不怕地不怕的他用比手畫腳的方式就可以溝通無礙了，所以英語沒什麼進步。

三、自主學習的嘗試與調整

　　回國後，既然才藝教室的外語學習中斷，就要想想如何接續的問題。淑惠只是簡單的說他不想再去上課了，並沒有什麼計畫。想想也對，孩子在這個階段問題解決能力不夠、資源也不足，是無法完全自我安排的。半個月後（2014.7底），我突然接獲不接行政的通知，八月開始時間變多了，所以是由我來思考外語學習該如何接續的問題。因此，我們進入自己來的模式，淑惠也開始有一點點的自主學習的樣子了。

（一）自主學習的嘗試（2014.8-9）

　　一開始時，我完全沒有資源及概念，只聽過讀經者推薦讀經的好處，以及用讀經來學習外語的理念。當時想，孩子確實如讀經者所說的可以經由持續接觸而背誦很多東西，所以將該方法運用在英語學習上應該沒有問題。我買了兩套英語經典的書及 CD，讓孩子照著詢問到的方法進行學習。孩子確實可以背誦，但很快的就變得被動，我推一下，他進一步，不推則不進。我看到背誦的成果，卻看不到我希望的學習態度，而且，背誦的內容是連我都覺得很難、就算到美國也用不上的英語，所以

越進行，我就越覺得沒信心。

　　孩子對所學的內容與方法沒興趣、對學習被動，只要大人堅持，孩子還是可以持續下去，所以看起來仍像是一個可行的方法。但我發現，在這個過程中，因為我會不斷地說服自己，也說服孩子這個學習方式有效，甚至會因為看到孩子有在學習而覺得安心，所以會以為目前的方法還是可行的。當開始願意思考這個教學方式的價值時，才意識到我真的不喜歡這種學習方式，可能是因為我強烈認為學習是孩子的事，不應該由大人來主導吧。由此發現，父母應該要有敏感度來觀察孩子、檢視自己，更要適時的做調整與改變。此外，當初以讀經概念開始，是因為當下我只有這些概念，所以家長平常就應不斷累積知能、不斷保持彈性，遇到困難時才能從這些已有的想法中，找出最適切的方法。

　　雖然用讀經來學習英語遇到困難，但其中的持續接觸的概念，我則是完全贊成的。所以，一直到二年級結束時，讀經教育的持續接觸理念都還在，只是被我自行解釋及運用了。

（二）自主學習的調整（2014.10-2015.1）

　　二年級的九月底，我們逛家樂福時買到《ABC 英語故事袋伊索寓言篇》及《日本人每天必說的 24 小時生活日語》兩本書，非常符合我對學習外國語言的想法。我認為，語言學習不能從單字或成語的背誦開始，而是要從有劇情的故事或對談開始，以及，因為淑惠是聽覺型的學習者，所以 CD 片是必須的。這兩本書都有劇情、聲音，因此成為我們初期自主學習外語的重要教材。

　　我們是以聽來開始學習，之後慢慢加入讀出聲音。一開始

聽英、日語時，孩子會順便看中文翻譯，我建議他在覺得可以
的時候將中文隱去，只看英語/日語來聽 CD。除了聽，我還會
鼓勵他讀出聲音，好熟悉英、日語的語調。這段單純聽、讀的
時間，我還找到其他資源，包括《ABC 英語故事袋》系列書、《英
語圖解字典》（互動光碟）、《日語圖解字典》（互動光碟）[28]等。

　　聽、讀的學習模式持續約二個月後，我讓淑惠將學過文章
的單字或句子寫在字卡上，正面寫英語或日語、反面寫中文，
這樣可以學英、日語，也可以在不知不覺中練習中文字。寫的
內容都是他之前學過的，所以還算有成就感；有些學過忘記的，
也可以藉此複習。但我發現，孩子可以快速記住整篇文章，卡
片單字的背誦卻不快，可見孩子真的需要透過故事來學習。不
久，他不想再寫卡片，所以這個活動就中止了。

五、網路資源的運用（2015.2-6）

　　在尋找教材期間，發現網路上有很多學習資源，因此在二
上寒假，決定在家中裝設網路。孩子對家裡有網路非常興奮，
加上很期望放寒假，所以一個多月寒假的學習節奏完全放掉，
生活變得沒什麼規律。不過，在這段時間，我們享受到探索網
路資源的許多驚喜，也找到一些很不錯的網路外語學習教材。

　　在英語方面，一個大陸綜合領域學習網站[29]中，淑惠特別
喜歡它的「故事唱歌」，裡面是各式各樣的英語繪本或故事。「唱

---

[28] 這三套書都是 Live ABC 出版社出版的。
[29] 大陸的一個網站，有英語及中文的學習。
http://www.e-yep.com/

歌學英語[30]」是一個西洋老歌網站，愛唱歌的淑惠也因此開始接觸西洋老歌。世界地理雜誌的網站[31]有很多自然生態的學習內容，但沒有中文，需要我在旁協助。e-book 的故事網站[32]有很多非常有趣的故事，但比較難，淑惠初期沒什麼興趣，聽力進步後才變得喜歡。在日語方面，孩子獨愛「艾琳的挑戰[33]」網路資料，裡面除了學習日語，還有文化的介紹；其他資源包括 NHK for school[34]及故事網站[35]等。

　　淑惠在使用這些資源時，主要是他自己看；因為喜歡，所以能持續的自己看下去。同樣的，淑惠在聽英、日語時會先看中文翻譯，我也接受，一段時間後，他記住故事大概、不再需要中文了，才開始完全聽外語。二下開學期間，淑惠決定要回才藝班加強英語，或許是因為這是他的決定，上起課來相當認真，聽力也進步了，回家還會繼續用網路教材來自學。日語方面，因為已安排了很多才藝課程、不想讓自己太忙，所以淑惠決定要完全用自學的方式來學習。他強調，網路上的教材非常有趣，他可以自己學習，可見在自學經驗之後，淑惠對自學是有自信的。只是，可能是只上過兩個月的課、基礎太差，成效並不明顯，但我幾次提議回去上才藝課，都被他婉拒了。

---

[30] 歌唱學英語。http://www.ept-xp.com/?ID=22030403

[31] 英語-世界地理雜誌。
http://ngexplorer.cengage.com/ngyoungexplorer/index.html

[32] 英語-ebook。http://www.bookbox.com/

[33] 日語-艾琳的挑戰。https://www.erin.ne.jp/zh/

[34] 日語-NHK for school。http://www.nhk.or.jp/school/

[35] 日語-故事網。
https://www.youtube.com/watch?v=-C27pVhccX4&list=PLMugwk9WLvc6RrhZO3EEoL7EuJbCVbXdX&index=6

六、綜合討論

　　以下，僅就我認為的外語學習特性，以及大人需要抱持的心態等方面來進行討論。

（一）外語是孩子練習自主學習的最好機會

　　我認為，外國語言的學習是孩子練習自學的很好機會。首先，外國語言是溝通工具，只要學會聽說讀寫就好，不需要非常深入，所以透過持續接觸就能學會，也不需要大人的協助與引導。此外，出版界及網路上的資源非常多，孩子喜歡聽故事的特性又剛好有很多適合的教材，所以由孩子自己來是可行的。更重要的是，這個階段孩子的語言學習非常快，自己來，可以有很大的成就感。

　　在外語學習上，我除了讓孩子接受才藝老師的系統教學外，也鼓勵孩子以自學方式來學習。我認為，自學的進步速度不快，但當發展出自己學習的方式，也確實學會一種語言時，未來任何學習都能夠自己來了。所以，透過學習外語而發展自學能力，是我期望看到的教育成果。

　　然而，淑惠在學習過程中，仍需要父母的陪伴。第一年我接學校的行政工作，能陪孩子的時間非常少，結果外語學習是單純的依賴老師。二年級時媽媽投入相當多時間來陪伴後，孩子英語進步穩定，回家除了練習老師教的東西，還會練習在網路上的資源，日語更是完全自己來。

（二）外語學習的特性

我發現，如果能先思考自己對外語學習的想法，就可以更從容的規畫孩子的學習。我認為，外語的學習是整塊來的，尤其是可以從「聽」來進行，所以，只要持續接觸、不斷的先聽說，之後慢慢讀寫，外語的能力自然容易養成。

1. 整塊學習、持續接觸

我一直認為孩子的學習不必然是循序漸進的，尤其是語言，他們可以在兩歲時突然聽懂大人的話語，在幼稚園大班時突然看懂招牌的字。所以，我們的外語學習不是從單字或句型的背誦開始，也不是先找簡單的東西（雖然也有啦），而是一開始就看故事、聽對話、看漫畫的整塊來的。

不管多難的東西，只要孩子喜歡、願意每天接觸，自然就能學會，這在外語的學習上尤其如此。所以透過各種方式讓孩子願意持續接觸，是學習外語的根本關鍵。淑惠不喜歡的教材或學習方式，我就改變；淑惠愛唱歌，我們就有一大段時間是每天唱英語歌；我會關心孩子英、日語課程的學習好不好玩等，這些都是希望孩子能學得開心，進而能持續接觸。

整塊學習、持續接觸的概念和坊間的讀經概念相當類似。坊間讀經學英語的概念是讓孩子持續接觸，也就是每天朗讀，久了自然能背誦，這也是整塊學習的教學運用。雖然跟讀經一樣強調整塊學習、不強調由簡而難的學習順序，但我會讓孩子了解所學內容的意義，所以會讓他一開始看中文，之後慢慢減少，以及，背誦不是我的目的，只要他學得差不多，我就可以

接受了。我相信，持續一段時間後，他的外語能力自然會進步。

2. 可以從「聽」開始

在不認得字的童年，孩子的學習多是透過聽力，在學會認字之後，重視閱讀的大人將學習方法限定在視覺後，孩子的聽覺學習能力就退化了。因為淑惠是聽覺型的孩子，以及為了讓孩子的學習管道多元，我的外語學習非常重視從聽力來進行學習。

我所購買的教材都有 CD 光碟片，孩子初學時，我會讓他在聽 CD 的同時看中文翻譯，幾次後會將中文遮住，讓他完全依靠英、日語的聽力。而且我發現，靠聽力學外語的孩子，發音似乎會比較好。

（三）父母應有的心態

能精熟的使用一種外國語言並不是件容易的事，許多孩子從小學英語，長大能自在使用的不多。但發現，只要能持續接觸，假以時日，應該都能學得會。為了幫助孩子能長期、持續的接觸外語，我認為父母的有些心態需要調整。

1. 要依孩子的發展不斷調整內容與方法

孩子每個階段的發展特色不同，喜歡的教材也會不斷改變，本來學得好好的東西，可能突然說想換了，所以，隨時調整教材與教學就相當重要了。其實，語言是要在生活上運用，而生活運用本來就沒有範圍，所以，外語的學習其實不需要固守在

某些教材或方法上。

　　父母應該隨時觀察孩子的學習發展階段，並視需要調整教材內容或教學方法，好讓孩子能維持學習的興趣。

2. 學的東西不要太難、太多

　　很多家長希望孩子的學習內容要有難度，但對外國語言來說，讓孩子持續接觸才是最重要的。所以，不要一開始就希望孩子學很多，學的內容也不要太難。

　　我給孩子的教材不是故事就是遊戲，有時還接受他在網路上找些亂七八糟的英文卡通，因為我沒有多難或多簡單的要求，只要他喜歡、願意接觸就好。所以，有些購買的教材太難了，買後不久就被冰凍起來，而一些沒什麼系統的故事、唱歌，甚至不登大雅之堂的英文卡通，孩子反而愛不釋手。難不難、多不多並不是外語學習的關鍵，當孩子願意學習、持續接觸，就會在一段時間後看到明顯的進步。

3. 不要太在乎成果

　　外語的學習重視的是持續接觸、成效必須在一段時間後才能出現，所以在過程中，我們應盡量不要去在乎進步多少，因為唯有這樣才可以輕鬆自在地的學習。當大人很努力時，期望就會增加，然後就無法避免的會將壓力轉嫁給孩子，問題是，孩子的學習有時進步明顯，有時則似乎停滯，壓力會打亂孩子的學習節奏。其實，只要維持接觸，自然會在一段時間後發現進步，那過程中的辛苦就不會太明顯。想想，歷程論與結果論的差別不就是如此嗎？企圖心不高，但享受其間，結果自然出

現，如果總是想著成果、有太多期望，壓力自然就來。

　　我沒有要孩子很認真的學習，我期望用很長的時間來「泡」。我相信，孩子不用很厲害、不必很認真，也不用拿出成績來讓父母安心，他只要一直接觸，總是會有程度的。

4. 外語重要性的省思

　　台灣太過強調外語的重要性，讓外語似乎變成學習的最大重心，但想想，很多外語不好的人一樣可以有很好的工作、過很好的生活，其重要性是否如此大是需要質疑的。我個人很重視外語的學習，但知道外語並不是最重要的學習項目，當帶入門後，就應該把重心調整，轉移到其他更重要的學習上。換言之，我認為外語能夠聽說讀寫就好了，而我的任務，是讓孩子奠定外語的基礎，至於他的外語能到什麼程度，要看他之後是否能繼續自我精進。

　　此外，我原來希望孩子三年級時再開始學英語，後來因為要到美國而提早。現在如果讓我再選擇一次，我可能會讓他提早到一年級就開始。原來希望孩子低年級時能專心培育人文素養，三年級時再來學英語，後來發現，人文素養的學習不是一兩年就能精通的，我的孩子在一、二年級時又還沒開竅、對閱讀及寫字等相當排斥，剛好先學英文。現在，孩子快三年級了，英文能力已經有個基礎了，所以我可以放手（交給才藝班老師），並在孩子成熟度較好的三年級時，專心著力於人文素養的培育。

參、人文素養

我大學時是志願選讀中文系、對人文素養相當重視，也認為閱讀是所有學習的基礎，所以早在淑惠幼兒園階段，就長時間進行親子共讀，希望孩子能因此喜歡閱讀。在家教育一年後，淑惠表示對閱讀及寫字沒興趣，為了彌補，我透過學習成語、聆聽歷史故事、背誦經典等方式，期望提升他的人文素養。人文素養的範圍相當廣，其培養經常需要大人的解釋或說明，所以算是我主導最多的學習領域，但真正引導的時間只有兩個月左右，其他只是讓孩子在車上或睡前聆聽歷史故事。

一、放牛吃草的階段（2013.9-2014.8）

進入小學前，淑惠的注音符號在幼兒園幼小銜接課程中就學會了；在沒有教過的情形下，淑惠憑著生活觀察認識了不少字，所以我直覺他的基礎能力不錯。進入小學後，在忙碌及不是很深入的觀察中，總覺得他好像不太愛看書，例如，在自主學習時間可以選擇任何想做的事時，淑惠從來沒有主動選擇看書，只是偶爾會看看中班或小班的《巧連智》過期雜誌。跟他問，他會說他愛看書、不然為什麼會看巧連智，所以我一直沒怎麼太注意他的閱讀，也直覺他的閱讀沒什麼問題。

他的寫字，在一開始時是很辛苦的。在未有任何基礎的階段，每個字對孩子來說都是一幅幅圖畫，所以寫每個字，都是很辛苦的描圖過程。當發現他的寫字需要練習時，我讓他寫簡單的日記（一天一句），並在每周回校一天時請老師派作業給他

（一年級他每周回校一天）。孩子回家不愛寫作業，回學校前一天才很努力的趕，但每個字都在描、寫的速度很慢，所以總是完成不了，我也不知道該怎麼協助，只能任著狀況持續，並期望教學經驗豐富的老師指派的作業能幫助淑惠學會寫字。

總言之，一年級時，淑惠在幼小銜接時就將注音符號學得差不多了，所以我還滿安心的。閱讀的練習因為我根本不知道他沒興趣而採取放牛吃草的方式，所以幾乎沒什麼關心；寫字方面，因為實在不知道該如何幫助他，所以求助於學校老師，但孩子學得很辛苦，卻似乎沒什麼幫助。後來發現，那段經驗可能造成孩子對寫字的排斥，不過，不好的經驗還是可以成為學習的肥料，所以，就接受吧。

二、積極伴讀期（2014.8-2015.1）

二年級一開始，孩子跟我承認他不喜歡讀很多文字的東西（他說，超過 20 個字就算很多了），所以只要字比較多或沒有圖畫的內容，他都看不下去。巧連智的字很少，又有很多圖，所以他還算喜歡。寫字，他更是不喜歡，並直言，以後他不要學習閱讀跟寫字了。

雖然，這是我早就懷疑的，但當下還是讓我相當震撼。我從小就喜歡閱讀、會自主寫日記，我們也在小時候建立了親子共讀的習慣，怎麼長大後會不喜歡閱讀、寫字呢？面對擺在眼前的事實，我首先調整心態。我想，我的閱讀習慣也是到國中畢業時才開始，所以孩子現在不喜歡閱讀，應該也沒什麼問題吧。心態雖然調整到可以接受，但我還是很努力的希望孩子的閱讀及寫字能力能持續提升，方法包括：運用讀經模式、利用

聽故事來進行歷史學習，以及較正式的成語課程等。

（一）讀經

　　為了培養孩子的閱讀能力，我借用讀經的概念來讓他每天誦讀經書，以「救救」他的閱讀。一開始，我在沒有解釋的情況下讓孩子延續幼兒園讀過的《弟子規》背誦，因為之前已有基礎，孩子背誦起來很有成就感，不久就背誦完了。之後，我購買兩套讀經教本及 CD（《老子道德經》及《論語》），可能是內容比較艱深，孩子有其希望的學習內容與方式，所以很快就覺得讀經不好玩。我帶著他讀，他可以持續，但只要我忙，就沒了進度。因為我對此學習方式的信心不夠，加上我的工作還是忙，無法緊盯孩子誦讀，讀經進度斷斷續續。

　　因為我認同中國經典的價值，幾次試圖重振旗鼓，後來發現，孩子不喜歡單純的背誦，而喜歡我解釋給他聽。在此時，發現《三字經》是個非常簡單、易懂的經典，加上內容包括中國經典、歷史等的說明，與他目前在聽的故事有關，所以後期，我決定只讓他背誦三字經。二年級結束前，三字經還沒背完、進度也斷斷續續的，但孩子似乎不討厭這個經典背誦了。由此可知，中國經典確實有價值，但大人必須慢慢建立該經典與孩子生活經驗的連結。

（二）聽歷史故事

　　在不知道該如何協助孩子進行閱讀及寫字的學習時，淑惠說他喜歡聽我講故事，以及他的耳朵很好、想用聽故事的方式來學習，所以我決定不去做閱讀的直接做訓練，而是利用聽的

方式來接觸故事。我認為，既然不喜歡閱讀，只要能持續透過聽故事的方式來建立知識，等他閱讀及寫字興趣及能力都好一點時，會因為已經累積一些故事及知識，閱讀上的成就感會更高；此外，淑惠是聽覺型的孩子，透過聽覺來學習，應該會更順利。換言之，希望淑惠在閱讀、寫字能力提升前，能先透過聽故事而培養歷史的素養。

在人文素養的領域中，我很喜歡歷史，也覺得歷史中有很多有趣的故事，所以決定讓他從接觸歷史故事開始，並買了《吳姐姐講歷史故事》套書。該套書沒有 CD，所以是由我來講故事給孩子聽，並同時錄音。孩子很喜歡聽我現場講故事，但拒絕聽錄起來的錄音檔，我講這麼長的故事非常辛苦，不過孩子有學習，也算值得。

因為是歷史故事，我在聽故事之外試圖引導孩子了解歷史發生的時間順序，但孩子根本不在乎。幾次嘗試後，我只好再調整心態，並以單純的聽故事為主。

（三）學習成語

在聽故事過程中，我希望能「偷渡」一些閱讀和寫字的活動，所以決定透過成語的學習，在不知不覺中夾帶閱讀及寫字的學習，並從很少的練習量開始。

首先，我找了一本成語書，讓孩子一次只學一個成語，並透過例句的閱讀及成語的撰寫，來進行閱讀與寫字。我先解釋一個成語的義涵，然後請他從三個例句中找出一個最喜歡的，並讀出來，之後再將這個成語謄寫五次；如果例句較長，就由我來讀。一次學一個成語對孩子來說太簡單，後來增加到每次四個成語。一個多月後，我請他閱讀比較長的例句時，他也還

能勝任。過程中我經常問他成語課會不會很難、會不會很無聊，他說不難，而且還覺得滿好玩的。期間，我還在英文課裡讓孩子寫字卡，一面寫英文、另一面寫中文；我會鼓勵孩子寫卡片給朋友或長輩，當他需要表達時，就會問我字該怎麼寫。由此發現，當負荷不多時，孩子其實是喜歡閱讀及寫字的。

　　成語學習進行兩個月左右，孩子有些厭倦，所以該學習活動就中止了。我想，孩子已具備了基本的成語能力，當未來發現成語很重要時，隨時可以再回來。我也發現，淑惠的閱讀能力其實不差，只是因為我太急了，一發現問題就想改善，當決定慢慢來，以及決定轉個方向後，孩子在不知不覺、沒有痛苦中，閱讀及寫字都有了進步。所以，用孩子可以接受的方式、讓孩子持續接觸，這應該是比較好的教育方法吧！

三、消極伴讀期（2015.2-2015.7）

　　積極伴讀了三個多月後，每天三小時的課程在練琴及外語學習後就差不多結束了，加上主導課程很辛苦、我可能也累了，以及孩子結交了一些新朋友、每天都很想玩、又必須花心思準備音樂班考試等，所以生活節奏較亂。此外，在這兩年的人文素養正式課程中，我似乎沒什麼著力點，孩子不是對閱讀、寫字沒興趣，不然就是不愛讀經典，再不然就是成語課的後期不想再繼續。現在想想，可能孩子的成熟度根本還沒準備好，也可能是人文素養的養成真的不是一兩年的事，所以必須把時間再拉長。在二年級下學期時，幾乎已經沒有人文素養的正式課程了，只剩下聽故事活動在持續進行，而且是完全的聽故事而已。我的角色，變成只是消極的陪伴孩子聽故事。

　　首先，我找到魔鏡公公《說給兒童聽的歷史故事》[36]系列故事 CD 及漢聲出版社的《中國童話故事》CD，主要是利用交通往返及睡前時跟孩子一起聽故事，偶爾還會對故事的內容進行討論。二年級結束時，孩子聽故事的興趣還是非常高，對中國歷史人物的熟悉度也慢慢增加了。

四、綜合討論

　　以下，主要是從學校讀寫教育進行省思，之後說明我的人文素養教育落實現況，以及我理想中的人文素養教育樣貌。

（一）學校讀寫教育的省思

　　我認為，學校教育的目標是鎖定在讀寫能力的習得，這個目標太狹隘，加上學校的讀寫教育太難、太多、太快，所以成效並不理想。

1. 學校讀寫教育的目標狹隘

　　我認為國小教育的學習主軸是閱讀、寫字，較少有系統的人文常識或知識的獲得。目前台灣人的讀寫能力不差，人文素養卻不足，是否與小學教育重視閱讀、寫字，而輕忽人文常識或知識的獲得有關呢？為什麼我認為國小教育的學習主軸是閱讀、寫字呢？看看學校的「健康與體育」、「國小生活」、「綜合

---

[36] 包括《說給兒童聽的中國歷史故事》《說給兒童聽的世界歷史故事》《說給兒童的台灣歷史故事》。

活動」，哪一科不是在學閱讀呢？這些科目都是生活中非常基本的概念，應該是在生活過程中自然習得，為什麼要把它們當作科目，而不能在生活中學習呢？是否這些科目的學習，也都可以順便訓練閱讀呢？

2. 學校讀寫教育太難、太多、太快

讀寫教育是國小落實得相當成功的領域，所以國小畢業的孩子幾乎都具有基本讀寫能力，只是在學習過程中，因為設計上太快、太多、太難，每個孩子的閱讀準備度又有快有慢，讓孩子學得很辛苦，大人也教得很挫折。台灣的教材偏難、偏早，大家又都依循教材內容做為孩子程度的指標，所以孩子的閱讀內容經常超過他們的成熟度。

我在讓淑惠選擇想看的書時，發現他都是選擇有圖、有字的巧連智，而且還是低他一個或兩個年級的。他在看這些比較簡單的內容時很快樂，所以經常廢寢忘食，但只要讀較多字的書，就變得被動而懶散。其實，七、八歲孩子為什麼要認得很多字呢？愛看圖、愛聯想、愛聽故事不是很好嗎？讓孩子享受低他一、兩個年級的閱讀應該沒關係吧。慢慢來、輕鬆學、快樂享受、讓閱讀成為生活的一部分，如此的學習會更自然、更有長遠的成效。

（二）我的人文素養教育落實現況

這兩年來，我很重視孩子的人文素養培育，但著力卻不多，因為孩子沒有興趣、不太帶得起來；除了短短的經典帶讀，以及約兩個月的成語教學，我們就是單純的聽故事，或是偶爾看

看書而已。淑惠各方面發展都很好，唯有對閱讀、寫字沒什麼興趣，可能是因為他在這方面的準備度還不夠吧。我決定慢慢等，並在等待過程中持續試探。目前我們的人文素養課程還沒真正開始落實，但希望有一天淑惠準備好時，我能逐一落實我的理想。

（三）我的人文素養教育理想

　　我認為小學階段最重要的學習是人文素養。它的範圍很「廣」，任何內容都可以訓練，所以我直接讓他接觸歷史、地理，以培養其人文的知識及常識；它的學習深度可以很「深」，在學習時需要大人的說明、解釋與引導，以及透過對話、討論、角色扮演等方式來深化其理解。我覺得，如果只是「廣」的學習（例如英文只要能聽說讀寫就好了），大人的主導可以少，但如果要「深」的學習（例如人文素養的學習需要長期浸泡），則確實需要大人的協助。所以，我的人文素養教育理想，是由我來主導，並透過親子間的互動來學習，其中包括以下的思維。

1. 人文素養應包括基礎能力與通識素養

　　我認為人文素養應包含讀寫能力及通識素養，所以在訓練閱讀或寫字時，沒有讓淑惠學學校的課本，而是直接學歷史、地理、成語，甚至中國經典。讀寫能力不是一兩年可以養成，學校教育又把中低年級的學習目標太過窄化、只著重在讀寫，所以小學開始的兩三年期間並沒有積極接觸知識或常識，因而可能錯失孩子通識素養提升的關鍵期。我認為，學習讀寫的目的是期望未來孩子能利用這些能力來學習歷史、地理、成語等，

那麼，為什麼不在現在直接學習歷史、地理、成語，並由此來練習讀寫能力呢？

2. 人文素養包括高層次的學習

人文素養不只是閱讀寫字技術，或歷史地理等知識的獲得，還包括統整、分析、比較，甚至鑑賞等高層次的學習。我認為，光大量閱讀或寫字是不夠的，還需要深入理解所學習的內容，也就是需要深度的閱讀。為了發展深度閱讀的能力，我希望學習的方式包括對話、討論、表達、釐清等。如果淑惠跟我說「這裡我會，我來說」時，我會聽他說、讓他有表達的機會；之後，我會跟他釐清、說明其意涵，最後不忘鼓勵他的嘗試。這些學習無法透過孩子獨自閱讀來完成，所以人文素養是我必須主導的原因。

3. 人文素養包括閱讀態度的養成

人文素養不只是能力的獲得，還包括態度的養成，其中，喜歡閱讀、讓閱讀成為生活的習慣可能是最重要的態度。我希望孩子能隨時隨地看書，躺著看、坐著看；睡前看、睡醒看；無聊看、忙時看；小說也看、漫畫也看；正書也看、非正書也看；有一個小時也看、有三分鐘也看。我相信，喜歡閱讀很重要，而養成習慣是把「喜歡」提升，並成為其生活的一部分。

喜歡閱讀、持續閱讀、讓閱讀成為生活的習慣，才是閱讀教育的關鍵，以及，才是提升人文素養的根本。

（四）正向心理學的應用

　　閱讀和寫字，是淑惠學習過程中唯一讓我擔心的領域，但我認為，不喜歡閱讀的孩子強迫他學習閱讀，大人跟孩子都很辛苦，有時，換個方向努力，會發現殊途同歸；當加強孩子喜歡的領域，並學得有成就後，閱讀及寫字會因為更有信心而學得更順利。這個想法與正向心理學的理念是相近的，也就是，遇到困境時，我的處理方法偏向是「強調孩子的長處、引導孩子的短處」。

　　正向心理學關注的是孩子的優勢，而不是缺點，並強調孩子的正向經驗、正向個人特質、正向關係、正向組織結構。所以，孩子數學不好，我要讚美他的國語好，並相信，當因為他人讚美、因為表現良好而對自己的國語有信心時，數學學習的成效也會有所不同的。《賞識你的孩子》[37]一書，就是運用鼓勵方式引導出孩子信心，進而發展孩子潛能的一個正向心理學的運用例子。

　　如何利用正向心理學的學理呢？當淑惠告訴我他不喜歡閱讀時，我就不逼他閱讀了，但我利用他喜歡聽故事的特性，讓他大量聆聽歷史故事，而且肯定他聽故事的理解力，也在對談中，讚許他對歷史故事與人物的瞭解。在二年級結束時，孩子已經累積了一些歷史知識，此時閱讀歷史故事時會比較輕鬆。也就是，我先不管他的「不喜歡」，只從他「喜歡」的地方出發，讓他利用其優勢來進行學習。

---

[37] 周弘（2001）。賞識你的孩子。上游出版社。

（五）鷹架理論的運用

　　我一直覺得孩子在可以自己來的時候，我需要放手，但當他力有未逮時，我必須支持、協助他。在閱讀及寫字上，我試圖扮演鷹架的角色，包括在孩子嘗試自己閱讀或寫字時，我會盡量維持其思路的連續性。例如，淑惠寫卡片時，當問我某個字怎麼寫時，我會盡量寫在另一張紙上，並讓他重謄。有人問我為何不讓他自己查字典呢？我覺得查字典很辛苦，孩子要表達時還要花時間查字典，思緒會被打斷，久了後可能就對寫字這件事沒興趣了。

　　這個做法是源自我在美國唸書時的心得。讀一篇英文文章時，當很努力的查字典、全部單字查完後，對內容其實是沒什麼印象的，除非從頭再看一次，這是因為閱讀的連貫性在查字典時被打斷了。所以，在美國的我告訴自己不要查字典，不懂的地方就猜，後來就算有些文章有很多單字不懂，但都可以知道文章的大概，就是因為我維持了閱讀的連貫性。我想，中文的學習也是應該如此吧。

肆、體能活動

　　淑惠體能活動的開始，是因為一年級在家教育生活中運動機會很少，所以，在孩子自己說想去，我也希望他去動一動的低期望下，在二年級時參與舞蹈才藝課程（包括芭蕾及民族舞）；一年後的暑假，轉到花式直排輪。簡單的說，體能活動從二年級才開始，而且我的關注不高，是孩子堅持的結果。

一、舞蹈的初接觸（2014.9）

　　孩子上舞蹈課，是因為他的要求。淑惠很愛漂亮，他希望自己有很美的動作，所以一直說想學跳舞；我不希望孩子同時學太多才藝、讓生活變得太忙、太滿，所以計劃三年級時再讓他學。二上開學時，一位朋友帶他的小孩來我們家玩，這個小孩分享他學舞的經驗，之後淑惠就說要跟這個小孩去上同一家舞蹈教室。孩子在一年級時運動機會少，加上舞蹈課的學費不高（相較於鋼琴很便宜），所以我決定讓他去玩玩。我的唯一工作是接送，並未關心其學習情形。

　　淑惠柔軟度很好，第一次上課就能劈腿。他和我朋友的小孩聚在一起時就是練動作，也會看誰比較厲害。練習鋼琴的休息時間也自己主動要練舞蹈動作，似乎視完成這些動作（劈腿、下腰、朝天蹬、倒立、側翻等）為挑戰、為成就。我對淑惠的興趣在當時並不在意，只把它當成下課時伸展筋骨的活動。

二、狂熱期（2014.10-2015.4）

淑惠漸漸喜歡上舞蹈，甚至說他愛舞蹈的程度比鋼琴還要多。

2014.12.8，也就是上舞蹈課三個月後，淑惠突然告訴我他要考舞蹈班。我很訝異，因為他的鋼琴學得比舞蹈還好、還久，要考至少也要考音樂班吧。但孩子既然表白了，我能怎麼做呢？經過掙扎，我最後調整心態的接受了。

2015 年初，班上學得比較久，也比較屬害的同學進入進階班後，淑惠變成班上最屬害的學生，所以被選為班長。淑惠會管小朋友頭髮是否綁好、會跟大家提醒上課時間、會幫忙管秩序，也會幫助新同學適應，他應該是很想把班長的工作扮演好吧。

初當班長時，他會希望很早就去舞蹈教室。舞蹈教室下午沒課，只有櫃台小姐，他要去做什麼呢？有一次提早送他到舞蹈教室，才知道他早去不是要聊天、也不是找小朋友玩（沒有小朋友那麼早去），而是去練習。他似乎很喜歡在那裡安安靜靜、東摸摸西摸摸的自己跳。

2015.1.15 跟他閒聊，才發現他誤解考舞蹈班的意思了。他以為，如果要繼續在這個舞蹈教室跳舞，就要考舞蹈班。既然弄清楚了，換他堅決不考舞蹈班了。由這個事件可以看出，淑惠是非常喜歡在這個舞蹈教室進行學習的。

這個階段，淑惠簡直用狂熱來形容對舞蹈的喜歡，老師也鼓勵我讓淑惠考舞蹈班，並形容他是個有天分的學舞者。我慢慢發現他在舞蹈上的表現確實相當好，除了柔軟度很好外，其

肢體很美、情感表達也很強烈。在這段期間，淑惠舉辦了兩場家庭表演會，我以為觀眾（只是親戚和幾個較熟的鄰居）會喜歡他的鋼琴及小提琴演出，結果大家對舞蹈的反應更好。

三、倦怠期（2015.5-2015.7）

為了要準備 2015.7.4 的舞蹈教室大公演，舞蹈教室的老師都卯起來編舞、練舞，對孩子的訓練也越趨嚴格。五月底，淑惠提到他不再那麼喜歡舞蹈了、想要放棄跳舞，但我表示舞都已經排好了，至少要等到大表演結束後才能退出，他也同意。表演前兩周，淑惠提到他已經克服心情，所以還是要繼續跳舞；表演當天他甚至說這是他這輩子最快樂的一天，並說「永遠、永遠都要一直跳舞跳下去」。如此的反反覆覆，持續了兩三個月。

這段期間，孩子經常會自己找音樂、自己編舞，還會帶著鄰居的兩位朋友跳。第二次家庭表演會後，他提到要像舞蹈教室一樣招生，並決定鄰居的這兩位朋友要來當他的學生。所以，他自製招生傳單，並親自跟兩位小孩的媽媽說明他的教學計畫，還在自己的房間門口貼上「淑惠老師」的牌子。

暑假期間，我們到台南學直排輪，所有學習都暫停。其間淑惠提到，他還是非常喜歡跳舞，但決定要換舞蹈教室。我一直無法問到想換教室的原因，但猜測，淑惠喜歡的是那種即興、創作的舞蹈動作，而不是老師先編好、孩子照著跳的舞蹈。

既然換舞蹈教室是孩子思考過後的決定，我尊重其想法，並會在三年級時幫他尋找其他的舞蹈學習環境。

四、轉換期（2015.7-現在）

在舞蹈之外，淑惠也對溜冰有興趣，並在二下的暑假開始接觸跟溜冰很類似的花式直排輪。

淑惠對溜冰的憧憬是源自中班時購買的一片 MV，裡面是幾位漂亮的卡通女生一邊唱歌一邊溜冰。大班時，因表妹的引導，淑惠學會了直排輪，能走能跑，但基本動作不太對。之後，發現高雄義大世界有冰宮，去了幾次早鳥票，但因為學花式溜冰的人少、團體課開不成、必須上個別課，而個別課的費用又非常貴，甚至且比學鋼琴加上小提琴個別課的錢都還要貴，我實在花不下去。

二下快結束時（六月底），從朋友那裡知道有一種類似花式溜冰的花式直排輪，它的學費不是太貴，所以我上天下海找尋相關訊息。屏東和高雄都沒有教練，最後找到台南有個團體課，並驅車去看了他們的教學現場。這個團體以培訓專業選手為前提，每位孩子都溜得很棒，幾位甚至比淑惠年紀還要小。教練非常和藹、親切，淑惠說他喜歡這位教練，並希望能在此學習。之後了解，淑惠現在開始學已經是教練可以接受的最大年齡了（專業角度來看，再晚一點就培訓不起來了），而且，教練其實不太接受沒有基礎的學生。沒什麼基礎的淑惠，算是陰錯陽差、幸運的進入這個團體。

花式直排輪的入門比較難，這個團體又天天有課，我們利用暑假到台南住一個半月，讓淑惠能安心每天學習，開學之後改成一個禮拜去一次，回來時自己練。我先生覺得學直排輪不需要如此大費周章，甚至不學也無妨，我則認為學習有關鍵期，

也有時機，我希望能把握這個時機，更希望孩子不要在未來有所遺憾。對這件事，我們夫妻有許多爭執，所幸後來慢慢溝通，也算有了共識。

我的想法是，淑惠未來不管發展什麼專長，都希望他能持續運動，也有一個紓解壓力的管道。淑惠愛漂亮、喜歡眾人目光，也喜歡花式直排輪，所以我私底下希望花式直排輪能成為他終身的運動習慣。而孩子呢？他狂熱的喜歡教練、課程、練習，也堅決表示他在花式直排輪上的學習決心。

五、綜合討論

以下僅就體能活動的重要性、對專業培訓的心得，以及體能活動是可以讓孩子自己來的特性等方面來進行討論。

（一）體能活動的重要性

孩子的體能活動一開始我並不重視，可能是我潛意識中覺得體能活動不重要、還有很多更重要的學習應該要優先（又是一個制約下的思維）。但第二年接觸後，發現體能活動不只是肢體動作或技巧的學習而已，它還可以訓練體能、讓孩子變得健康、可以建立團體合作概念，也可以培養孩子的正向生活態度。

首先，體力訓練除了可以學會一個專業外，還能讓孩子身體更健康，其集中力、意志力也會相對越好。淑惠開始舞蹈後，他的過敏狀況變得比較好，之後接觸直排輪，因為很累、吃得多、睡得好，還一下子長高很多。因為體力越來越好，練琴時不容易累，專注的時間也可以拉長。

其次,體能活動因為大多有同儕互動,是人際學習的管道,而更重要的學習內涵,是團隊合作的意識。孩子可以在自己有興趣的運動項目中交到跟自己興趣相同的好朋友是非常棒的事,它不是像鋼琴、小提琴等要自己一個人練,在體能活動中,大多有同儕可以彼此競爭、可以良性影響,所以孩子比較容易堅持。因此,經常可以看到孩子練得很辛苦,卻都很喜歡,甚至成為他們交朋友的一種方式。此外,當淑惠在表演前想放棄跳舞時,會因為團隊的考量而堅持下去,因為一個舞蹈表演的呈現,每個同儕都需要互相配合、幫助,也需要努力的把自己的角色扮演好。這些都算是團隊意識訓練的一環。

最後,體能活動可以鍛鍊孩子的心智、培養其正向的生活態度。現在孩子很好命,少子化後,爸媽更是疼,幾乎沒什麼機會吃苦;藉由運動,可以提升其自我挑戰的心態,如果有成功的經驗,更可以增加自信。在過程中,孩子隨時提醒自己要奮力不懈、永不放棄、接受挑戰、迎接失敗等,這些都是正向的生活態度。我發現,因為孩子喜歡體能活動、不覺得辛苦,加上同儕可以一起練習、彼此影響,讓這個辛苦的體能活動成為發展孩子心智的很好機會。

(二) 對專業培訓的心得

了解花式直排輪的培訓方式,讓我有許多感觸,也讓我對未來如何帶領淑惠走入專業有不同的想法。首先,選手原來是這樣訓練的--他們每天練,誰能堅持,誰就成王成后;不能天天來,成就自然有限。當孩子練到一個程度時,就參加比賽,可以透過比賽的經驗快速提升能力,也讓孩子有成就感、有自信,更重要的是,比賽成績對未來升學有幫助時,可以成為更

大的練習動力。

　　我想，任何學習應該也都是如此。這幾天看到曾宇謙的專訪[38]，他五歲學小提琴，六歲開始比賽，十一歲參加國際賽。因為有成績，所以可以順利考上寇蒂斯音樂學院；基於好學校、好師資的教導，他繼續參加比賽，所以在他二十歲時創下其生涯巔峰，得到俄國柴可夫斯基國際音樂比賽小提琴第二名（第一名從缺）的殊榮。其實，他就是每天練習、專注的練習，並從比賽中獲取經驗及更多的動力，從而進入一個正向的循環。

　　淑惠一再提到他不要比賽、不要考試、不要表演。雖有這「三不」之說，但在舞蹈及音樂表演、以及音樂班的考試之後，他其實是快樂的，所以我發現，輕鬆可能並不是孩子唯一要的。我一直以為讓孩子快快樂樂的學習最重要，但看到直排輪教練的訓練方式，以及孩子練得很辛苦，但都樂在其中後，才看到另一種專業訓練的思考模式。

（三）給孩子自己來的機會

　　在接觸體能活動的過程中，大人沒有關注的學習孩子可能會更快樂、更喜歡，因為當沒有父母的壓力時，孩子才會認真的看待自己該完成的事。為什麼會這樣呢？我發現，當孩子表現不錯時，我會想加點什麼東西讓他能更專業一點，例如，舞跳得不錯，那是不是要考舞蹈班啦，或要不要再加點其他課程啦。淑惠不斷地讓我知道他不想有太多壓力，因此再次驗證，父母應該把眼光放在自己身上，而不是孩子身上。

　　此外，當孩子表示不想繼續上課時，可能不是大人認知的

---

[38] 曾宇謙專訪，台灣演義。2015 年 11 月 15 日，取自
https://www.youtube.com/watch?v=9GstPJXi_qs

厭倦，而是有他的原因與想法，所以應該更深入了解，並聆聽他言語背後的心理因素。例如，淑惠學舞的後期經常表示他不想上課了，我一開始判斷他對舞蹈已經失去興趣，但又經常看他自己編舞，還試著帶領鄰居小孩要組舞團，或說要開舞蹈教室來教鄰居跳舞。再深入了解後，才發現他喜歡的是那種即興創作、自在隨興的隨著感覺跳的舞。他說他不想上課，可能表示他想用自己的方式來享受跳舞的樂趣。

最後，舞蹈課是因淑惠堅持而開始，表現也還不錯。因為他的這個堅持與表現，讓我看到之前沒看到的他的潛能，所以，當淑惠要轉到花式直排輪時，我更有信心去支持他。所以，如何信任孩子，並給孩子機會去嘗試，是孩子教會我的。當孩子喜歡一些不是課業的興趣時，大人多會很憂心，其實，如果孩子都依循大人的規畫生活，他如何能超越大人呢？給孩子機會，會發現他其實很認真、也很慎重的看待他自己的學習。

第六章/後續篇

本章目錄

　　在完成這本書時，時間已往後推了半年多，本以為三年級後的生活不會再有太大變動了，但發現，任何階段都有要面對的困境，所以，變動應該是永遠不變的吧。有人說，一、三、五年級時，因為重新編班，要適應新老師、新同學、新課程，孩子的生活會比較亂，這在我們在家教育中似乎也是如此。三年級開始的這半年來，其改變主要包括：三年級的生活變得非常忙碌、淑惠的改變非常大，以及我在教育上的省思等。

壹、忙碌的三年級上學期

　　三年級上學期開始了音樂班的生活、才藝課程也參與得比較多，所以生活變得非常忙碌。我堅持淑惠要有自我學習的時間，但這麼忙，自主學習時間變短，我們的課程也大量縮減，結果是，除了音樂及才藝等由老師授課的課程外，在家的學習生活變得非常鬆散。

一、忙碌的音樂班生活

　　我們依照原計畫回學校上音樂班的音樂課程。樂理課分散排在三天上課，加上樂器個別課，每周有四天要到學校，周五，更因為理論課是排在第零堂及第五、六堂，所以淑惠乾脆回學校一整天。淑惠很喜歡同學及老師，也很喜歡音樂課程，每天都很快樂的上學，其中兩天還會留在學校吃午餐、睡午睡。但他表示，周五的那四堂其他的課有點無聊。

　　理論課是全班一起上，淑惠說學的東西很難，但學到很多、很有成就感。鋼琴個別課除了每周的進度外，老師會跟他玩音樂（如：好幾個禮拜都在彈各種小星星的伴奏），所以淑惠越來越喜歡鋼琴課、鋼琴老師。小提琴的學習狀況改變不大，淑惠表示他也喜歡小提琴老師，課程也可以適應，所以算是喜歡上小提琴了。因為主修為小提琴、需要考期末考，加上音樂班同學的音樂素養都不錯，淑惠在小提琴的學習是有壓力的。例如，提醒淑惠練琴時，他會開開心心的彈鋼琴，但總是拖拖拉拉的不想打開小提琴盒，似乎在逃避小提琴的練習。

　　我每天提醒淑惠練琴，他都哇哇叫、拖拖拉拉，甚至敷衍了事，但當我說「那就不要提醒好了」，他卻拜託我一定要幫助他固定練習。他說他會累、會偷懶、會撒嬌、會想玩，但知道要練習才能有進步；他很希望自己能進步，所以請我一定要提醒他練習。因為淑惠的練習變得被動，我幾次乾脆讓他自己來，成效變得不好，有時他還會虛報練習的進度，結果他自己不開心，然後更是逃避練習。雖然練琴的狀況不好，淑惠還是很明確的表示自己在音樂上的興趣，以及想要繼續上音樂班的決心。

二、繽紛的才藝課程

　　除了音樂班的課程，淑惠這學期參加的才藝課程也非常多，請他割捨一些，他認真考慮後決定全部持續，因為這些都是他很想學的。我不希望生活排得這麼滿，但既然孩子決定了，我只好接受，並協助加強他的心理建設，包括引導他了解，只要是自己喜歡的、只要學得開心，辛苦一點是沒關係的。

（一）英、日語

　　淑惠在二年級末英語突然聽得懂簡單的日常對話，三年級初決定日語也要回才藝班（我想，他希望日語也能像英語一樣進步吧），所以這學期英、日語每周各上四個小時的課。我一直很重視複習及練習，所以孩子上才藝課之外，我還會要求在家裡要練習，而我也會幫忙。但既然淑惠的英語已經入門了，加上我們的課程時間變少，我決定不再要求在家練習英、日語，只是讓他在才藝教室中持續接觸。我覺得，入門的過程孩子缺乏成就感，所以需要協助，上手後，大人就必須放手，孩子才能有機會自己來，甚至開始學習自我負責。我退出協助之後，淑惠有時還是會在家複習英、日語，但興致不高，持續力也不足，不過從偶爾的談話中，發現他的英、日語是有進步的。

（二）體能課

　　本來計畫每周到台南上花式直排輪的課，因為交通時間太長、淑惠生活又太忙，並沒有每周去；在屏東的練習則比較正常，盡量每周練習三到四次，每次至少 30 分鐘。因為去的次數不多，教練沒教什麼新動作，淑惠有足夠時間熟悉教過的動作，穩定度比較好了。後期，因為實在很忙，淑惠考慮要放棄台南的直排輪課程，當有這個想法後，練習的動力就更低了，反倒是舞蹈的興趣還是非常高。我想，可能是在與直排輪相較後，淑惠更清楚自己在舞蹈上的興趣吧。另外，之前暑假淑惠決定不去原來的舞蹈教室上課了，十月底開始參加一個新的現代舞團，每周上課一次（一個半小時）；淑惠很喜歡，也會找時

間自己練習。此外，淑惠表示最喜歡的是街舞，因為「很酷」，所以會主動自己編舞、自己找音樂、自己練習。他還表示希望能去上翻滾課，因為跳街舞時翻滾，會「更酷」。

　　一年前我對體能活動不是很在乎，現在卻擔心孩子的體能學習在忙碌生活中不能持續。我想，孩子這一年的改變，讓我看到體能活動的重要性，連觀念也都不同了。

（三）初接觸的課程

　　「生活數學」及「禪繞畫」是淑惠初接觸的社區課程。生活數學是空間概念的課程，老師在講解外，會讓孩子利用教具操作來完成學習單，所以非常有挑戰性。纏繞畫是現在很流行的線條畫，老師在技巧教授外，會給孩子很大的自由發揮空間，所以淑惠在畫中有很多自己的想像。這些課程淑惠都很喜歡、時間也不長（每周各一個小時），而我只負責接送，不必協助複習或確認學習進度，所以很輕鬆。發現這個年紀的孩子對每一種學習都有興趣，應該是好奇心強，所以什麼都想學吧。

三、鬆散的家庭生活

　　這個學期孩子忙著上課、我忙著接送，家裡的學習生活被切割，加上淑惠朋友圈越來越大，經常往朋友家跑，讓家庭的生活變得相當鬆散。

（一）被切割的家庭生活

　　音樂班的課程分散在一周的四天，參加的才藝課程又比較

多，我們家庭生活被上課及接送切割得相當零碎。我試圖持續二年級的伴讀方式，但總無法進行，後來我們的課程時間剩下樂器練習，且每天不超過一個小時。

在練習樂器時，淑惠會拖拖拉拉、討價還價，但他又希望我提醒他練習，可能是知道練習很重要，只是情緒因時間切割而無法安定吧。此外，淑惠對這個世界的許多事物開始好奇，經常表示想學某些東西（如想學漫畫、素描、數學等），但可能好奇的東西太多了，時間又不允許長期投入，興趣大多曇花一現，生活重心也因此不斷改變。這些讓我擔心他是否太過依賴我，以及是否能否堅持的做事。

在我對這個鬆散家庭生活擔心的時候，發現淑惠卻很自在，而且，其學習成果也還不錯，也在參加很多活動的過程中，有著很棒的經驗與體會。到底學習有沒有一定的方式，有效的學習是不是一定要規規矩矩的進行等問題，一直讓我很掙扎。經過跟先生討論，以及一段時間的思考，我發現問題不是在孩子，而是在我，可能是我還不習慣辛苦建構出來的生活模式無法持續吧，也就是，可能的問題是在我還是希望掌控吧。所以，當我又看不過去時，會提醒自己要尊重、信任孩子，要理解犯錯的價值、要思考父母擔心造成的負面影響，也要體諒淑惠音樂及才藝課程確實很辛苦的事實等。

（二）更多的人際互動

淑惠最近結交許多新朋友，包括他非常喜歡一個也是進行在家教育的家庭。因為常常去他們家，也常常參與他們安排的活動，讓我無法依照我的規劃來落實生活，也讓家庭生活變得鬆散。有時候，因為淑惠在朋友家玩得太開心，回家時睡不著；

有時候因為參加這個家庭的活動，回家比較晚，隔天，我希望淑惠能睡飽，所以練習的課程經常無法進行。所以，家庭的學習生活變得更是鬆散了。

　　在對這個狀況感到擔心時，我同時也有許多不同的想法。首先，參加這麼多活動雖然影響了我們家的學習節奏，但這個家庭也提供了淑惠很多不一樣的經驗與體會。這些有趣，卻需要精力來安排的各類活動，是我這個個性疏懶、生活單一，又喜歡獨來獨往的人所無法提供的。其次，這個家庭的兩個貼心、可愛的孩子，對獨生女的淑惠來說是固定的同伴，和他們在一起除了可以彌補淑惠沒有手足的遺憾外，也可以在「手足」互動中，練習他的人際互動能力。最後，這個家庭的媽媽非常有耐性，對淑惠視如己出，也讓淑惠多了個關心他的人。

　　因為這些想法，讓我在擔心淑惠的學習之外，更夾雜著對這個家庭的感謝。但，如何面對孩子學習的鬆散，以及如何面對我自己的擔憂及習慣掌控的習性，卻是我必須思考的。

四、對談教育的進行

　　在學習上我的著力不多，但生活中的對談教育，在這個學期卻進行得相當順利。原因是，淑惠接觸面更大（學校、固定的在家教育朋友）、有更多自己來的機會，加上我們仍緊密生活在一起，淑惠的一言一行我都看得很清楚，可以對談的話題因此變多。此外，在鬆散生活中，因為時間被切割，生活對談似乎變成唯一可以持續的活動。淑惠對談的理解力越來越好，也很喜歡我們這種天南地北的聊天方式。

　　透過對談，我可以引導淑惠檢視自己的品格表現，並提升

思考的能力。也就是，我希望淑惠能有自己的想法，而不只是聽話；以及想法要有彈性，而不只是依循標準答案。有一次，淑惠扭扭捏捏的說他喜歡去日文課的一個原因，是想看班上的帥哥，然後馬上後悔告訴我，也擔心我會把這個秘密告訴爸爸。我說，「**我很開心你能跟我分享秘密，但如果有什麼秘密不告訴我也沒有關係，因為你有權利選擇要不要分享你的秘密。如果你分享了，是因為你想分享，而不是因為我希望你分享。**」（2015.10.21）這個對談，是希望淑惠知道他可以有自己的想法及主張，就算我不必然會贊成他的想法。之後，有跟他提到我將這段內容寫進書裡了，他也沒反對。

除了品格及想法上的對談，我們也會談論時事，或透過對談來進行認知的學習。這個學期剛好遇到選舉熱潮，淑惠問我對「兩黨政治」的看法，也問了「中國人對我們來說是不是外國人」的問題（2015.12.15），讓我有機會跟他談論我的政治觀點。閱讀《地圖》[39]這本書時，我會透過對談來擴大學習的範圍。例如，看到「功夫」這個詞，我們就上網找李小龍的資料，然後談李小龍的生平，然後談少林寺，然後武俠小說。如果沒有對談，孩子不可能知道李小龍和「功夫」這個字有關，也不可能有後續的學習。

十月下旬，我們相約盡量早早上床，可以有固定的時間一起看看書，或聊聊今天的生活狀況。對談讓我們有更多溝通及彼此了解的機會，也讓這個時間變成我們的快樂時光。我甚至覺得，親子對談應是非正式互動中的最大寶藏吧。

---

[39] 陳致元、蔡菁芳（譯），亞歷珊卓.米契林斯卡、丹尼爾.米契林斯基（著）（2002）。地圖。台北：小天下。

五、進入比較的氛圍

進入音樂班後，淑惠經常與同學一起練習樂器或上周五的課，不可避免的開始有一些比較心態。然後發現，比較會增加孩子的壓力，如果大人沒注意，或不自覺的陷在比較中，孩子的壓力可能很難紓解。如何處理淑惠的比較心態，是我相當傷腦筋的。

比較的內容大約包括：很多同學三歲就開始學小提琴了，淑惠快八歲才開始，所以程度比不上同學，有點懊惱沒早一點開始；他的小提琴程度只比班上一個同學好（班上有七把小提琴），所以他覺得自己「很笨」；琴沒有別人好，偏偏數學也不行、國字也不好，加上跑步很慢，所以經常說「我是很差的」。當我提到，如果需要我教他數學及國字，那我就教，偏偏他好像也不是很在意，只淡淡的說「不用了」。

為了降低淑惠的比較心態，以及接續而來的壓力，我是用對談的方式來試圖紓解。例如，我讓淑惠每天做樂器的練習，是因為要養成努力的習慣，但班上的名次是媽媽完全不在意的，而且我也真的從來沒有表現出期望他要比同學好的樣子，甚至還希望他要學習讚美朋友的成就。又例如，淑惠覺得學習很辛苦時，會自我安慰的說「累也沒關係，因為同學比他還要累」，但我引導他瞭解，只要學得快樂，累就沒有關係。如此的對談在提醒他不要跟別人比較，而是要找到自己的內在學習動力。開學初，老師說班上要舉辦作文比賽，前五名有獎品，淑惠希望得到獎品，很認真的寫，我也覺得他寫得不錯。之後，問他是否有入選，他輕描淡寫的說他的成績只比一位同學好，94分，

他們班還有人 99 分。我提到，

> 人生一定會遇到失敗，別人辛苦的學了兩年寫字，你並沒有真正學習，所以能參加比賽就很厲害了；如果覺得難過，那就再努力，因為努力是唯一可能獲得前五名的方法。此外，你還是要學習為你的朋友開心，因為你的朋友真的很努力，表現也真的很好。（2015.10.17）

　　最近看到一本書《被討厭的勇氣》[40]，然後思考人生應該具備哪些勇氣。我認為，有兩種勇氣是非常重要的。首先是要有「做自己」的勇氣，所以，和別人不一樣、被討厭等勇氣，都是為了要勇敢的做自己。另一個是「選擇」的勇氣，包括要不怕捨棄、要懂得珍惜所擁有的、要不怕犯錯等。有關這些勇氣的思考是源自淑惠的比較心態，但目前還沒機會跟孩子談，只是我自己的想法而已。

貳、孩子的改變

　　這個學期淑惠在各方面都有很大的改變，似乎進入了另一個發展階段。

---

[40] 葉小燕譯；岸見一郎、古賀史健著（2014）。被討厭的勇氣：自我啟發之父「阿德勒」的教導。台北：究竟。

一、認知能力突然進步了

三年級時，淑惠在很多沒學過的內容上都有明顯進步，對知識學習的興趣也越來越高。

首先，淑惠的許多認知能力突然進步了，而有些是我沒教，或教得很少的。例如，加減的運算能力變好了、完全會看時鐘了、閱讀及寫字能力也進步很多。此外，我還發現，儘管閱讀能力及興趣還不是很高，淑惠對知識的獲得卻非常有興趣，甚至不亞於對聽故事或玩的興趣。在共同閱讀《地圖》時，透過我的協助，淑惠好奇怎麼世界上有這麼多知識，然後不斷問我問題。其實，孩子不必等到閱讀能力提升後才來接觸知識，因為那時候他對知識的新鮮度可能就已經褪去了。

二、品格表現突然進步了

這學期開始，我與孩子在品格上的對談越來越多，孩子的談話也越來越成熟。

首先，我發現淑惠的心地很善良，而且常能站在別人的立場想。例如，爸爸難得煎牛排，淑惠讚美「實在是太好吃了」；我幫他綁麻花辮，他說「怎麼那麼會綁」。有親戚來，爸爸準備的食物太多、有些菜色不好吃、大家都面有難色，淑惠說，「我們還是要讚美他，因為他是希望幫大家準備很棒的一餐呀」。2015 年 10 月 30 日一大早匆匆忙忙要出門時，小提琴突然從琴盒中摔出來，當下我說，「是我的錯，我沒有把拉鏈拉好。」淑

惠卻說,「不能怪你,你拿太多東西了,都是我沒有幫忙。」晚上,我跟淑惠說我很感動他這麼體諒我,他說,「這都是你教我的,因為你說要把別人放在心裡呀!」

發現之前跟孩子的談話,他其實都是有聽進去的。

三、興趣變多、持續性不足

除了每種才藝課程都喜歡外,淑惠在這段期間對很多其他學習也都顯得有興趣,但可能是太忙、可以投入的時間不多,加上學習的主動性及積極性都不足,學習都沒辦法持續。例如,他幾次表示希望我們一起看《地圖》,但只是說說,並沒有很積極,我忙、沒有帶他看,他也不是很在意。前前後後說想學畫漫畫及素描,並買了《萌系個性少女漫畫教學》及《素描—按照步驟紮實你的素描結構能力》兩本書,但興趣都沒有長時間延續。曾說要學習數學,也將沒背完的九九乘法表自己拿出來背,但最後還是沒背完,而我引導他使用均一教育學習平台[41],也是迷了幾天後又無疾而終。有一天,他自言對學校的學習內容有興趣、把一、二年級的課本拿出來看,還要我以後記得幫他買學校的課本,但興致也只撐了兩天。後來,說想背誦之前沒背完的三字經、背了兩天後,又中斷了。

我有「孩子不能堅持學習」的擔憂,但也看到孩子對這個世界開始好奇、開始什麼都想嘗試的積極與勇氣。我發現,孩子畢竟是孩子、還是想玩、堅持度還是不夠,所以,他們有探索的好奇,而我則仍需要繼續耐性等待。

---

[41] 均一教育平台,http://www.junyiacademy.org/

參、省思

　　忙碌生活到底好不好、學習是不是要透過教、對談到底該如何運用在教育中，以及我們的未來規畫，是主要的省思內容。

一、忙碌生活的省思

　　忙碌生活是我不喜歡的，但淑惠很喜歡這學期的所有活動，思考老半天，每項學習都捨不得放掉，所以只能先過這學期再說了。

　　為什麼生活會變得這麼忙呢？首先，進行在家教育的時間越長，對坊間資源的掌握越多，如果沒控制好，琳瑯滿目的學習項目很容易把生活填滿。孩子年紀越大，想法與興趣也越來越多，已經無法固守單一的生活方式，所以常常有他想做的事，而讓生活更忙亂。此外，音樂班課程大多在早上，這也把我們之前習慣的早上學習節奏打亂了。

　　太忙的生活，是自主學習的一大困難，也讓孩子的學習變得沒有成就感。例如，學習課程多、節奏亂，孩子在完成課表的同時，自我探索的時間變少了，結果，孩子偏向只是被動的完成現有的安排。此外，廣度的學習方式讓學習的深度變少，很多學習無法深入，成就感較低，最後可能因而想放棄，直排輪就是一例。

　　目前我的處理方式是不斷試著去適應新的學習節奏。期間，我們也討論到忙碌生活該如何調整的問題，結果偏向讓三年級

的一整年成為忙碌年，等四年級時再來調整。我們認為，生活方式的轉移不要太快，忙碌生活有其缺點，但既然開始了，就好好享受這條路上的風景吧，何況任何有缺點的生活，也都可以找到優點及值得慶賀的地方。例如，這學期我希望加強人文素養，但在忙碌生活中所有學習都很難排下去，以致於人文素養的加強並沒有很積極。後來發現，不積極的教育方式，可能更適合人文素養的養成。此外，因為忙碌，淑惠有機會了解忙碌生活的感受，希望他能因此懂得珍惜自我探索的時間。

二、「學習要透過教」的省思

很多人相信，孩子要學，就一定要透過老師教。沒有老師教，孩子就沒辦法學嗎？在兩年的在家教育之後發現，就算有些東西我沒有教，孩子也一樣學習，而且在他想學時，其動力是非常強的。其實，沒有教的東西，只要有媒介，孩子就可以學習。例如，沒有教孩子閱讀，但他身邊隨時有很多書；沒有教算術演練，但會讓他自己拿錢去付帳。

三年級一開始，淑惠的閱讀及寫字能力突飛猛進，興趣也比較高了，但一、二年級我們在閱讀及寫字上的投入其實不多，只有成語教學的兩個月，而且進行的量很少。怎麼孩子在沒有人教的情況下，閱讀及寫字能力會突然進步呢？可能是成熟度剛好到了，所以閱讀及寫字突然開竅，也可能是孩子的學習不是單純的透過大人教，聽故事、看電視、跟人互動、自己上網找資料等，也都是奠定閱讀、寫字能力的管道。最後，學習是需要時間沉澱的，大人太在乎現在就看到結果，所以會要求成效、會需要看到評量成果，但經常是，孩子學習的東西經常沒

辦法馬上嫻熟、會需要一段時間才能表現出成果，結果孩子承受了莫名的壓力，也讓學習充滿了挫折。換言之，孩子的學習不必然要透過教，也不必然是循序漸進，只要他們有興趣，並在學習的環境中，他們自己就可以學會很多事。反而要注意的是，大人努力架構出來的學習模式，以及急於看到成果的期待，是否會讓孩子的學習本能消失呢？

「學習到底是如何獲得」的問題有各種理論持有不同的看法，目前沒有一個通論。所以我們不應高估大人教育的重要性，也不應低估孩子的自學能力，更不該要求孩子要馬上學出成績。陪伴、觀察、調整、等待的過程，可能更能協助孩子學習。

三、對談教育運用的省思

淑惠的品格表現突然進步很多，才發現平常在生活中的對談，似乎在三年級時發揮了作用，但，之前如果沒有建立一些基礎，這時候的對談會更像「說教」，而不像現在，我說什麼，孩子都聽得懂，所以是「認同」（因為他現在內在已經有東西了，只要把它開展出來就好了）。因為淑惠已經有相關概念了，我只要「提醒」（孩子還是需要大人做為鷹架）、只要開啟（把孩子內在的神的本能外在化[42]），孩子就能理解及接受。我還發現，運用對談教育，親子的關係真的會更好。

---

[42] 福祿貝爾的「開展說」認為孩子具有神性，可以透過「內在外在化」的過程將孩子的神性開展開來。如可能，還可以透過恩物的操作，讓萬物的神性透過「外在內在化」的過程，內化為孩子的神性。

四、未來規劃的省思

　　三年級初，淑惠不希望自己一輩子永無止境的練習樂器，所以對讀音樂班有排斥。我提到希望他國小時好好讀音樂班，但國中時會讓他自己做決定。會做這個承諾的原因是，我認為國小是奠定基礎的階段，只要認真學，五六年的音樂訓練應該夠他一輩子享受音樂了。國中時，孩子會有自己的想法、喜歡的事物會受到同儕影響，加上那時的時空情境很難預測，所以很難預先規劃。不過可以肯定的是，到時候他的世界應該比我的還要大了，所以才需要讓他自由做選擇。此外，音樂成為專業或職業是很辛苦的，投資報酬率也很低，我希望淑惠能享受音樂，而不必然要用音樂來謀生活。尼爾[43]曾說過，「人要為自己做選擇，然後為選擇負責任」，如果國中時淑惠的選擇是繼續走音樂，那他就必須承受音樂專業的辛苦，因為同時，他也會得到快樂。但如果選擇了其他的路，同樣這也是他自己的選擇。

　　當孩子可以自己做選擇時，他們才不會輕易的將責任或失敗的挫折推給父母，而能成為他自己生命的舵手。

---

[43] 尼爾（A.S. Neil）是英國夏山學校的創辦人，強調學生應做自己的選擇，但一旦選擇了，就必須為其選擇負責任。

附　錄

本章目錄

實驗教育計畫書（一-二年級）

一、在家自行教育之理由及教育方式

（一）申請理由

1. 透過較多的學生自主學習，可以養成孩子自動自發、負責認真等品格與習慣。

2. 透過音樂課程的介入，可以滿足學生個別化的天賦需求。

3. 透過主題式的統整課程，可以結合生活與學習，並強化學習型家庭的功能。

（二）教育方式

1. 教育實施規劃

i、 整體規劃理念：預計申請兩年非學校型態實驗教育（小學一年級、二年級），並在三年級時，嘗試報考音樂班，繼續其在音樂上的學習。申請的兩年期間，計畫以不返校為原則，但可能在與孩子討論之後，參加部分學校的社團；此外，因為小學一、二年級的課程並不算難，暫時不參加學校評量。

ii、 自主學習：由父母準備好國小教材，並由淑惠自主學習；訂購巧連智教材，由孩子自行學習；提供圖書，或定期到圖書館，鼓勵孩子自行閱讀。提供專屬相機，鼓勵拍照，並在未來發展管理能力。其他自我發展的學習活動（直排輪、做禮物、卡片）

iii、 家長協助學習：以統整課程、打破分科的模式來進行生活學習。持續每天的親子繪本共讀。由家長協助英語的學習（102-1 末預計到美國三週）。透過部分沉浸模式，

提升其閩南語溝通能力。其他生活學習。

iv、　外聘教師協助學習：每週進行音樂課程；透過陪伴或自我練習，期望能發展樂器的相關能力；透過「古典魔力客」協助建立音樂素養；透過音樂活動之參與，提昇其音樂素養。

v、　同儕學習：透過與鄰居互動，建立同儕互動能力。透過與一般大人互動，建立人際溝通能力。

vi、　其他：體能活動方面，會先以戶外活動（例如：游泳、腳踏車長征、登山、露營）引發對大自然的興趣，再慢慢發掘其運動興趣。

2. 教育地點規劃

i、　家中及社區（同一社區亦有申請自學家庭）

ii、　屏東科技大學圖書館、師資培育中心繪本圖書館、媽媽研究室（將備電鋼琴）等。

iii、音樂教室（美育兒童音樂舞蹈國際教育機構）

iv、　就讀的國小。

v、　其他社區資源。

3. 學校配合規劃

i、　教育經費：在家教育所需經費由申請人自行負擔，並向學校繳交學生團體平安保險費。若返校參加班級學習課程，則繳交相關費用。

ii、　安全衛生：學生安全衛生由家長自行照顧負責。

二、教學人員

1.　音樂教師：美育兒童音樂舞蹈國際機構內教師均有相關專業與教學經驗。目前由周老師進行課程，未來可能會由其他老師授課，很難提供單一老師的學經歷證明文件。附上

　　機構立案證明，說明淑惠目前正在該機構進行學習。

2.　　一般學科教學者：媽媽。學歷、經歷、現職：（略）

3.　　一般學科教學者：爸爸。學歷、經歷、現職：（略）

三、在家自行教育之計劃時程：102-103 學年度

	102-1	102-2	103-1	103-2
音樂（概念、鋼琴、大提琴）	音樂列車 5 手之舞 1(鋼琴)	手之舞 2、3（鋼琴）樂團 1、2	手之舞 4（鋼琴)* 樂團 3、4	提琴個別 鋼琴個別 樂團 5、6
巧連智	購置教材	購置教材	購置教材	購置教材
學校教材	孩子自學	孩子自學	孩子自學	孩子自學
繪本親子共讀	持續	持續	持續	持續
閩南語	持續	持續	持續	持續
英語學習	探索	持續	持續	持續
體能活動	腳踏車、直排輪、游泳	探索...	...	...
人際互動	鄰居、音樂課同學、生活中的其他人	...	...	...
其他	做卡片、禮物...	寫日記...	其他可能性...	其他可能性...

備註：僅為目前的規劃，實際情形將隨時調整

四、在家自行教育之課程內容（含課程與教學、學習領域、學程、教材教法、學生評量等）。

（一）作息表：從早上-午睡-就寢之課程表

	一	二	三	四	五	六	日
8：30~10：30	孩子自主學習					戶外活動 家庭生活 社交生活	
11：00~12：00	父母引導學習						
12：00~3：00	吃飯、清理、睡午覺						
3：00~5：00	音樂練習						
5：00~8：00	戶外/同儕活動						
8：00~9：30	家庭生活、親子共讀						

備註：如遇返校時間，則當天活動暫停。返校時間將配合學校課程。如遇音樂課程，則調整作息時間（目前是周六早上）

（二）學習領域

1. 音樂：音樂相關課程，包括音樂概念的課程（音樂列車）、鋼琴課程（手之舞）、大提琴課程（樂團）。

2. 巧連智：訂購巧連智這一套淑惠喜歡的教材，讓他可以透過 CD 的聆聽、教材的閱讀、以及遊戲等，來進行自主學習。

3. 學校教材：準備學校的所有教材，讓孩子有自主學習的範圍。

4. 繪本閱讀：持續與孩子進行親子共讀，享受親子的快樂閱讀時光。

5. 閩南語生活學習：持續在生活中盡量融入閩南語，期望孩子能因此具備基本的閩南語聽說能力。

6. 英語學習：配合 101-1 結束時的美國之行，展開孩子學英

文的旅程。

7.　體能活動：目前喜歡腳踏車，開始對直排輪有興趣，之後繼續探索其他體能活動的可能性。

8.　人際互動：目前有一個鄰居的固定好友，每天互動平均三個小時。其他還有一個在家教育家庭的鄰居（有四個孩子）、音樂課的同學、社區的其他孩子，以及生活中年齡較大的大人。

（三）教材教法

1.　教科書：使用與學校相同之版本，並配合與教科書版本相同的自修。其他可能獲得的資源，如巧連智、古典魔力客。

2.　教學法：

　i、　基本學習方式：學生自主學習，包括：(1)學生自行閱讀教科書、自修或習作，如遇不懂的地方，再由教學人員講解並討論，協助尋求解決問題的方法。(2)學生自行安排其他學習活動，並自我掌控時間。

　ii、　輔助教學方式：生活中學習，包括：(1)家長統整課程的介入，以協助孩子獲得生活化的、統整的知識。(2)家庭生活的學習，包括透過親子繪本共讀來啟發孩子閱讀興趣，並透過家庭生活來培養其品格與習慣。

五、教學資源（應詳細載明並檢附相關資料及證明文件）

1.　家庭與家庭社區資源：包括社區資源，以及社區中有另一個自學家庭。將每月不定期互動。

2.　音樂教室：定期參與美育兒童音樂舞蹈國際教育機構之音樂課程與活動。

3.　屏東市的社區資源：包括：屏東市文化中心圖書館及展覽

館、社會福利綜合館、快樂公園及千禧公園等。

4. 屏東科技大學的資源：包括：屏東科技大學的圖書館、師資培育中心繪本圖書館、媽媽的研究室（未來將備電鋼琴）、屏科大學生諮商中心。

5. 國小相關資源。

六、預期成效：

1. 培養自主學習的能力，包括自我安排學習、自我掌控時間，並自我紀錄學習成果（指標：學習紀錄表、父母的觀察）。

2. 建立每日固定閱讀的好習慣（指標：每月完成一篇繪本學習單）。

3. 培養音樂欣賞的能力（指標：在兩年後具備報考國小音樂班之能力）。

實驗教育計畫書（三-四年級）

屏東縣 104 學年度第 1 學期
高級中等以下教育階段非學校型態實驗教育
【個人申請適用】

實驗教育計畫書

計畫時程：104 學年度第一學期～107 學年度第二學期
（民國 104 年八月一日起至民國 108 年七月三十一日止）
（共四個學年）

實驗教育名稱：自主學習在家教育
申請學生姓名：李淑惠
申請學生家長：張碧如
申請實施年級：國小三年級到六年級

中 華 民 國 104 年 四 月

壹、實驗教育目的及方式

一、目的：

1. 透過較多的家庭互動及家人陪讀，以營造良好家庭氛圍、建立學生人際互動基礎、薰陶品格與習慣，並強化學習型家庭功能。

2. 透過提供學生有自我主導、自我規劃與發展的時間，以養成自動自發、負責認真等品格與習慣；高年級時逐步增加<u>主題式課程</u>比重，讓學生可以結合生活與學習、能自主蒐集資料、解決問題，並系統性的深化學習內容。

3. 透過<u>音樂/舞蹈</u>課程的學習,可以滿足學生個別化的天賦需求。透過<u>外語</u>課程的學習,可以培養學生的語言工具與技能。透過<u>人文素養</u>的引導,可以培養學生語文能力,以及對歷史的了解與關懷。

二、教育方式（請簡要說明採用的方式）

1.在「生活學習」方面

　　生活學習的重點,主要重視人際關係、人格培養。在人際關係上,除了同儕互動外,更有與大人互動的練習,符合社會中真實人際互動的情境;此外,重視家人關係的營造,以為人際關係的基礎。在人格培養方面,因為是屬於潛在課程、無法事前規畫,也沒有具體教學方式及成效評量,端看主教者是否重視,以及是否能在生活中點點滴滴落實;目前主要是透過父母在陪伴過程中的提醒、問題發生時/處理後的分享、父母的身教與言教、歷史故事中的典範說明等來進行。

2.在「**自主學習**」方面

　　自主學習的重點，主要是透過讓學生擁有足夠的時間與自由，以從事自己想做的事情的方式來落實，並希望學生在探索興趣與專長的同時，能養成主動學習、獨立完成、負責認真的能力與態度，也讓學習面向更多元（不受限於父母的經驗）。在低年級與中年級時，學生的自主學習會需要父母陪伴，高年級時期望能自己來，並發展主題式的課程模式。學生自主時如有任何需要，父母須給予支持與協助。

3.在「**學科學習**」方面

　　學科學習的重點，主要包括音樂、外語、人文素養、舞蹈。首先，一、二年級的教育模式重視音樂與語言課程，之後將持續延續。重視音樂是源自學生的音樂敏感度相當好，因此參與鋼琴及小提琴等才藝課程；重視外語是因為兒童現階段適合進行該項學習，因此以父母陪伴、學生自學方式學習日語、閩南語；英語在自學之外，還參加美語才藝課程。其次，在人文素養方面，重視歷史故事的聆聽或閱讀、基本經典的背誦、基礎能力的練習（成語、閱讀、作文），並期望在高年級時，透過音樂史與藝術史的學習與瞭解，對學生有所薰陶。最後，在舞蹈方面，學生二年級時參與坊間舞蹈課程，非常有興趣，之後除繼續學習外，可能轉化為滑冰。

4.在未來規畫方面

　　因為在音樂上的興趣與培養，以及希望孩子能有固定交友，未來規畫考音樂班。如能考上，將參與學校音樂專業課程的學習，基礎課程的學習仍採自學方式（該模式已得到幸福國小的口頭認可）。如未能考上，則三、四年級繼續目前的

教育模式，並在父母陪同下，慢慢增加學生自主比重。五、六年級時，為配合學生形式運思期之發展特色，期望增加：（1）數理（抽象學習的開始）、（2）繪畫才藝課程（學生興趣）、（3）科工館探索活動（探索能力的開始）。

貳、學生現況描述

一、請就申請學生的個性、平時興趣、學習態度、人際互動、特殊表現等進行描述：

　　學生對學習有其偏好及想法，所以學習內容是否為其興趣，會顯著影響學習成效；目前對所學的內容還算有興趣，學習也算快樂。專注力很高，因此任何方面的學習表現都算不錯。平時喜歡美的事物，所以會喜歡舞蹈（可以穿美美的舞蹈衣）、喜歡東畫畫西畫畫，也會自己重視穿著。學生音感不錯，只要會唱的歌，或一首新曲子聽個兩三次，就可以在鋼琴上彈出單音。人際能力不錯，也算能體貼、分享，目前有幾位固定朋友圈，但因為對交友有熱情與需求，並自言想要「很多很多很多朋友」，因此希望能結交更多朋友。

二、請就申請學生的家庭狀況、家庭對學生在家教育的支持進行說明：

　　父親為家庭主夫、母親為學校老師，學生是家中唯一的孩子。家中氛圍和諧且溫馨，父母的教育理念相近，偏向人文學派，因此會尊重學生、會與學生討論，在學習內容的安排上也會考慮其興趣與需求。

　　在學生學習的家庭支持方面，父親本身音樂素養不錯（吉他有專業級演奏能力）、父母的英語能力都可以（母親曾出國留學、父親曾長時間到各國旅遊）、都會一點日文；父母都曾在出版界工作過，父親曾為出版界老闆。父親博學多聞，

喜歡種花、騎腳踏車、探索世間有趣事物，目前為家庭主夫，時間很有彈性。母親為大學中文系畢業，可以支持學生人文素養方面的學習；碩士及博士學位均主攻教育，也從事教育相關工作，可以在教育學生過程中運用更多的學理。

目前學生的教育規劃由母親主導，但因本身有工作，在教育執行時父親會配合協助，有時學生也會跟著母親到學校進行自主學習。父母經常會就學生學習情形進行討論，做決定時也會徵詢學生意見。

三、其他補充說明：

無

參、課程內容（含學習科目、教材、教法、師資、評量方式）

項目 科目		教材	教法	師資	學習評量方式
音樂	鋼琴	如考上音樂班，依學校音樂專業課程之規畫；如未考上，則依才藝班授課教師之規畫來適用教材、教法、師資、評量方式。 在家由父母陪伴練習，或由學生自主練習（逐年增加學生自主練習比重)			
	小提琴				
舞蹈		依才藝班授課教師之規畫來適用教材、教法、師資、評量方式。 在家由學生自主練習，父母扮演鼓勵與支持角色。			
語言	英語	依才藝班授課教師之規畫來適用教材、教法、師資、評量方式。			
		英語圖解字典、英語教材、網路資料	父母陪伴、孩子自學；高年級時慢慢增加自學比重 以英語、閩南語為日常溝通語言 有機會出國練習		具備使用能力
	日語	日語圖解字典、日本人必說的 125 句、24 小時學日語、網路資料			具備基礎聽說能力
	閩南語	小叮噹台語教室、網路影片			具備基礎聽說能力
人文	歷史	吳姐姐講歷史故事、漢聲中國童話故事、說給兒童的中國歷史故事、說給兒童的台灣歷史故事、說給兒	隨時聽故事 父母協助解說歷史 父母協助串連歷史		了解歷史內容

		童的世界歷史故事	學生自行閱讀	
	經典	弟子規、三字經、論語、唐詩宋詞（momo唱唐詩）、禮運大同篇	父母協助解說 父母協助背誦	少數經典理解與背誦
	基本技能	有趣的成語、卡通成語故事（VCD）、其他成語資料。未來逐漸增加閱讀、寫作。	父母協助解說 父母陪伴閱讀寫作 自行閱讀寫作	成語寫字作業
其他	數學	高年級時進行	父母協助 參加活動或才藝課 自我練習	
	藝術	四年級開始進行	參加活動或才藝課 自我練習	
	常識	公視影片、其他	觀看影片、圖書 生活學習	

一、學習模式規劃

(一)生活學習

1. 家庭內：透過親子共讀/共聽、親子溝通、生活學習、家庭活動、父母身教等，以增進親子關係（充滿愛與歡笑）、加強品格教育（分享、關懷）、提升生活能力（溝通、協調、問題解決等能力）、重視生活實踐（執行力、做的重要性）。

2. 家庭外：利用社區資源，持續參與營隊、教會活動、社區課程，並持續與鄰居、學伴、成人進行社會互動，期望能

透過家庭外人際互動的經驗，讓人際關係更成熟。

(二)自主學習

1. 每天學生有大塊自我主導時間，可以做任何有興趣的事，希望能因此探索其興趣，並養成主動學習、自我規畫與落實等能力。

2. 會慢慢聚焦在主題式學習（在父母引導下將學習深化），並期望高年級時能完全自己來。

(三)陪讀學習

1. 中低年級主要課程的學習（樂器練習、語言學習）由父母陪伴、學生自己來的方式進行，部分課程（成語及經書內容解釋）則由父母協助說明。

2. 高年級時希望學生能完全自主所有的學習。

(四)參與坊間才藝課程/音樂班學校課程

1. 參與坊間才藝課程/音樂班學校課程，由學有專精的老師來規畫學習內容與落實方式。包括：音樂（鋼琴、小提琴）、舞蹈（滑冰）、英文。

2. 利用其他可能資源，由專業者來教授相關的學習。包括：化妝。

二、學習內容規劃（僅學科學習）

(一)音樂（鋼琴、小提琴）

1. 每週委請外聘教師進行音樂課程。

2. 每天家長陪伴或學生自我練習，提升樂器演奏相關能力。

3. 利用相關媒體或教材，提升音樂知能。

4. 參與音樂相關活動，提昇音樂素養。

5. 與音樂課程的學伴交流學習，強化對音樂學習的興趣。

(二)語言（英語、日語；閩南語生活學習）

1. 父母協助尋找坊間或網路教材，盡量由學生自主學習。

2. 需要時參與才藝課程，有結構性的提升相關知能。

3. 與語言課程的學伴交流學習，強化對語言的興趣。

4. 鼓勵、協助學生自行閱讀（如購書、安排閱讀活動等）。

5. 提供使用語言的機會（如家中偶爾會以英文、閩南語進行對談）。

(三)人文素養（成語、經典、歷史故事；未來閱讀、寫作）

1. 透過成語的學習，慢慢增加字彙，並逐步提升閱讀、書寫的能力與習慣。

2. 接觸中國經典，如可以，進行背誦。如弟子規、三字經、論語、唐詩宋詞等。

3. 中年級時逐步聆聽及閱讀中國及台灣歷史故事，逐漸建立人文素養。

4. 高年級時增加世界歷史的涉略，並慢慢聚焦在音樂史及藝術史的認識。

(四)舞蹈

1. 持續舞蹈才藝班的學習。嘗試參與青少年舞團，或轉為花式滑冰。

2. 利用相關媒體或教材，提升舞蹈知能。

3. 參與舞蹈相關活動，提昇舞蹈素養。

4. 舞蹈課程的學伴交流學習，強化對舞蹈學習的興趣。

(五)數理（珠算、數學才藝課、科工館探索）

1. 高年級時學習數學/理解方面的課程，可能是自學、父母

教、才藝課學。

2. 高年級逐步增加物理、生態等影音節目，並購買相關圖書閱讀。

3. 高年級時將利用高雄科工館探索相關資源；如有機會，會嘗試接觸志工機會。

(六)美感（繪畫、化妝美髮）

1. 配合舞蹈表演需要，中年級時會學習化妝、美髮、美甲（師資：舞蹈才藝班、媽媽的學生）。

2. 高年級時會配合學生興趣參與繪畫才藝課程。

肆、學習日課程表

		一	二	三	四	五
音樂	9:00-10:30	練習	學校課程	練習	練習	練習
	11:00-12:30	學校課程	練習	學科學習(音樂)		
	12:30-2:00	午餐、小睡				
學習	2:00-3:00	學科學習(地理、歷史)			學校課程	學校課程
	3:30-4:30	自主學習(英文、日文)				學科學習
才藝	4:50-5:50	英文	英文	英文	英文	
	6:00-7:00	直排	直排	直排	直排	直排
	7:00-8:30	晚餐、洗澡、休閒				
	8:30-9:30	聽故事、看書、聊天、睡覺				

陸、預期成效

1. 建立生活學習習慣、養成良好人格（指標：生活記錄、生活照片）

2. 培養自主學習能力（指標：自我紀錄學習成果-高年級）

3. 培養人際關係與能力

4. 培養音樂能力（指標：鋼琴及小提琴的表現）

5. 培養外語能力（指標：英語、日語的學習內容）

6. 培養人文素養（指標：經典、歷史、成語等學習內容）

7. 培養舞蹈/體能能力（指標：舞蹈或滑冰的表現）

8. 培養數理的基本概念（相關作業或記錄-高年級）

9. 培養美感/藝術的相關技能（相關作業或記錄-高年級）

學習狀況報告書（102 學年度）

學生：李淑惠　　學校：快樂國小　　班級：一年四班（26 號）

一、102 學年度學習重點與完成事項

（一）學習情形簡述

　　一整年經過多次課程與教學的調整與轉變，目前已慢慢走出軌道。基本上，這一年經歷了爸媽嘗試自行教學，但孩子會賴皮，因此求助於學校及才藝班。在才藝班的學習表現上相當優秀，老師們都給予肯定，目前也培養出孩子對音樂、英文、日文的基礎與興趣。

（二）學習重點

1. 學校課程：參與學校每周二的全天課程，包括國語、美勞、體育、綜合活動等。
2. 才藝課程：參加鋼琴、樂團（包括笛子）、英語、日語等課程。
3. 爸媽主導課程：學校及才藝課程的叮嚀、閩南語聽說能力的引導、親子共讀、生活學習等。

（三）完成之工作：102 學年度完成的事項主要包括：

		工作內容	家長評量	領域
才藝	音樂(大下初)	奧福音樂：音樂列車 5(總計參與 6 階中的第 4、5 階，4	優異	音樂

課程		階在大班時上)		
		鋼琴：手之舞 1、2 級團體課(總計 4 級)、鋼琴個別課	優異	
		笛子與打擊樂：樂團 1、2、3、4 階	優異	
	英語(一上末)	英語課程(發音課、科學課)	優異	語文
	日語(一下初)	日語安親班課程(每周 2 天 X2.5 小時)	優異	語文
教材	巧連智	自學巧連智(含 CD、書、習作、奇酷網)	良好	
	學校教材	自學部訂教材	可	
	英語教材	階梯英語的 You and me 喬登美語系列教材	可	
	閩南語	小叮噹台語教室	優異	語文
	其他	動物頻道(MOU 的第 15 台)、「古典魔力客」、「故宮奇航」、「下課花路米」	優異	
生活學習	親子共讀	晚上親子共讀(次數變少，但仍有)	可	語文
	圖書館	開始增加	待改進	
	自我操作	寫卡片、做禮物、捏黏土 自學日文歌、英文歌...	優異	語文 美勞
	體能活動	腳踏車、直排輪、滑冰、游泳、足球台、滑板車	良好	體能

	人際互動	鄰居朋友、才藝課師生、媽媽學校的大人、在家教育家庭、教會朋友	可	社會
	其他	美國旅遊：**2014.6.17-7.11** 台灣旅遊：小人國、六堆客家園區、科博館、鶯歌捏陶、墾丁、台南等 親友拜訪：台東(朋友家旅遊)、桃園(阿姨家)、高雄(看阿公)、 參加暑假營隊：新竹、教會活動	良好	

二、自我檢討

（一）現況

1. 成效顯著：學習速度快，學習態度好（目前才藝課程的進度都在班上前段）。對鋼琴非常有興趣、閩南語進步很多、寫字也少許進步、美勞則是自己摸索，但可看出其潛能。冰雪奇緣卡通看 20 次以上，且堅持用自己的方法學唱英文歌，可見具自主學習的本質。

2. 尚未看到成效：對日語有興趣，但程度有限；英語花了很多時間，但仍須再加強。第二外國語言的學習很難，且都只是開始，期待未來更進步。

3. 須加強的：國語寫字有進步，但閱讀習慣反而不見了（寫字仍應繼續努力）。自言喜歡跳舞，但肌力不足，應多運動。

（二）檢討

1. 主題式統整課程的執行較差。改進：發現孩子這個年紀很難落實，或許等三四年級時再嘗試。

2. 體能活動較少。改進：期望慢慢增加。

3. 學校學習情形的關心較少（是父親接送，媽媽較無法直接了解）。改進：維持現況。孩子表示之後不想再去學校了，所以可能會尊重他。

4. 部訂教材由孩子自學，興趣不高，成效也不好。改進：維持現況，但會鼓勵他在進入小二時看小一的教材內容。

5. 可能會考慮讀經課程，以提升孩子的中文與英文的閱讀興趣與習慣（每天讀經時間不超過一小時）。

三、未來規劃

1. 大約已找到方向，二年級會時繼續朝同樣方式前進（著重音樂及語文學習），但會與孩子隨時討論並調整。

2. 在瞭解音樂教育，並檢視自己的教育理念後，偏向不會讓孩子就讀音樂班，但會持續在音樂上的投入。

3. 除才藝課程外，要繼續重視生活學習，尤其要繼續培養孩子的閱讀習慣。

4. 孩子很喜歡的舞蹈、繪畫等才藝課程，將於三年級（或更後面）進行。

5. 計畫參加學校的社團。

學習狀況報告書（103 學年度）

學生：李淑惠
學校：快樂國小
班級：二年四班（26 號）

103 學年度李淑惠同學的學習重點與完成項目，主要可從生活學習及學科學習兩個部分來說明，之後進行綜合檢討與未來規劃的分析。

壹、生活學習狀況

在生活學習上，主要包括生活參與、參與活動兩大區塊，並期望由此能發展學生的人際關係、人格培養、自主學習能力等。總計這 103 學年度學生的生活學習狀況如下表。

生活參與	社區資源利用	主動要求父母帶她去圖書館 主動參與如麥當勞的繪畫活動(為了賺獎品) 主動要求觀賞/參加藝文活動(為了賺點數) 看到廣告而參與活動(好奇)	良好	語文
	家事參與	自己整理房間 一起烹煮(洗碗、煮蛋、使用微波爐、做雞蛋布丁) 協助洗、摺衣服	可以	生活

		協助照顧小貓(把牠當成自己的妹妹)		
	體能活動	腳踏車、直排輪、滑冰、游泳 滑冰(跟阿比等)	良好	體能
	自己學習	縫製東西、畫立體東西、模仿畫小插圖、學漫畫眼睛	良好	
	自己決定	學化妝	良好	
活動參與	藝文觀賞	蘇義峰「屏東最美之夜音樂會」(103.10.11) 明正國中音樂班畢業公演(103.10月) 高雄孔廟音樂舞蹈活動/小提琴老師推薦(103.11.15) 美育音樂舞蹈表演(103.11.23)環球影城 左營高中音樂班畢業公演(103.12.12) 樹德家商美容科教學成果發表-芎灩(104.3.6) 迪士尼活動(104.6.7) 九歌表演(佳容)104.6.10	優異	公民
	藝文演出	環保局邀請舞蹈表演(103.11.22)瑞光夜市 屏東縣政府跨年踩街表演(103.12.31) 家庭售票音樂會一(鋼琴、小提琴、舞蹈)(104.1.29) 國王舞集表演(104.4.25)媽祖廟 幸福國小音樂班考試(104.5.2) 屏東舞蹈教室共同表演(104.5.24)藝	優異	音樂

		術館		
		家庭售票音樂會二(鋼琴、提琴、舞蹈、唱歌) (104.6.21) 美育年度表演(四手聯彈)104.6.28 國王舞集年度表演(104.7.4)售票表演，藝術館		
	教會活動	教會活動(每周一次) 思麥特夢想探索號夏令營(料理組)(103.7.15-18) 兒童聖誕午會(103.12.13)	優異	社會生活
	營隊活動	天人岩屋田野學校生活營(103.8.4-8五天四夜) 華嚴小花園健走生活營(103.10.25-26兩天一夜)	優異	社會生活
	其他活動	不定期到農田進行採摘活動 奇美博物館一日遊(和瑞姐姐)(104.4.18) 小琉球一日遊(和屏東高中)104.5.22 黃蝶翠谷一日遊(和李家)104.6.13 科工館一日遊(和李家)104.6.7 科工館暑期夏令營(104.7.20)	優異	社會生活

貳、學科學習狀況

之前的學習模式從暑假到美國三周回來後（中間隔了一長段時間）有了很大的轉變，主要是學生決定不到學校參與課程或社團，而以爸媽伴讀、自我學習的模式進行。學習的內容主要包括：外語、國語、才藝、其他。

1. 在外語的學習方面，一年級時的英語及日語才藝課程都暫停（英語是班上年紀最大的，課程太過簡單；日語因接送交通困難，爸媽期望中止），本學年改以坊間淑惠覺得有趣的教材來進行父母陪伴的自我學習模式。下學期初，決定再次參加英語才藝課程，此次因為孩子有興趣，進步相當快。

2. 人文素養方面，本學年初學生自言不喜歡閱讀及書寫，在家庭討論後，決定將學習進度與內容放慢、變少，並增加視聽方面的學習。主要學習成語，並做少數的閱讀及書寫，也配合進行少數經典的解釋與背誦；在視聽教材方面，是以聽歷史故事為重心。在學生不是很辛苦的狀況下，閱讀與書寫能力稍有進步。

3. 在才藝方面（參加才藝課程為主），延續上學年的鋼琴個別課程，並在本學年加入小提琴、舞蹈課、美術課。因音樂敏感度不錯，加上父母會陪伴練習，鋼琴、小提琴的學習成效還可以。舞蹈課與美術課則因學生興趣濃厚，自己會不定期練習，學習效果也不錯。

4. 其他學習方面，上學期末因同儕影響，學生主動要求要學習九九乘法表；既然學了，因媽媽會珠算，所以連珠算（加減）也一起學。不過後來覺得不好玩，學習沒有持續下去（媽媽計畫將於高年級時有系統的進行數學課程）。

		學習內容	家長評量	領域
音樂	鋼琴	個別課(每周 1 次)	優異	音樂
	小提琴	上學期團體課、下學期個別課(每周 1 次)	優異	音樂

舞蹈	舞蹈	團體課(上學期每周 2 次)	優異	體能
	化妝	配合老師時間，隨機上課	普通	藝術
語言	英語	英語故事練習；下學期課程(每周 4 次)	良好	語文
	日語	《日本人每天必說的 125 句》+簡單書寫	良好	語文
	閩南語	已有進步，但這學年有停頓	待改進	語文
人文素養	成語	《有趣的成語》《辨識錯別字》+簡單書寫	良好	語文
	經典	弟子規、禮運大同篇、三字經	良好	語文
	歷史	《吳姊姊講歷史故事》媽媽讀 《說給兒童的中國歷史》CD 部分(中國、世界) 漢聲《中國童話故事》CD 部分	良好	歷史
其他	視聽教材	動物頻道(第 15 台)、「古典魔力客」、「故宮奇航」、「下課花路米」、「暑假花路米」、「流言追追追」、「一字千金」	良好	綜合
	其他	唱/彈英文歌(冰雪奇緣)；自己畫畫、做大富翁、立體盒子；透過網路學習美勞、畫畫	良好	語文 美術
	美術	加入美術才藝課(每周 1 次)		

參、綜合檢討

自主學習、人際關係、人格發展都不錯。因提供自主學習的自由，學生表現出對化妝的強烈興趣，因此配合舞蹈需要而進行相關學習。目前已有自主學習的粗略模式，但仍需要爸媽陪伴及引導。因有學伴接觸，表示也要學九九乘法，加上媽媽珠算方面的能力，因此進行數學加減運算能力的學習。雖然後來沒有持續，對同儕對其學習，卻時有所影響。換言之，學生的興趣應可透過自主學習、同儕互動等模式而慢慢獲得。

鋼琴、小提琴、舞蹈、美術（目前為捏塑）的學習表現優異，淑惠也自言很有興趣。日語因學習內容太多，放慢學習速度，進步不算快，但語言的學習本來就需要時間，加上自學需要經驗的累積，所以就繼續等待吧。英語目前學習興趣濃厚，進步較為明顯。喜歡聽歷史故事，但需要更長的時間慢慢累積相關知能。

綜言之，目前待改進的事項包括：

1. 非常喜歡做家事，但爸媽有時會想快一點而代勞。爸媽希望能提供更多的生活學習（如一起做蛋糕或到戶外露營），但投入的時間不足。父母應提供更多的生活學習機會，並學習讓自己的腳步再慢一點。

2. 閩南語的學習有停頓，父母應注意一下。

3. 喜歡以聽的方式學習。雖然閱讀能力沒問題，但應增加閱讀機會。寫字的能力可以再提升。目前與同儕相較，並不是非常突出。

肆、未來規劃

1. 已考取幸福國小音樂班，並將回校上音樂專業課程，學科課程則仍採在家自學的方式進行。

2. 繼續協助孩子進行在家教育的學習，並慢慢增加其自主學習能力。在學科上，則期望能慢慢增加其閱讀及寫字的興趣。

3. 加強孩子家事學習的重視。家庭生活節奏應調整到讓孩子有更多的生活學習機會（這需要全家人慢慢溝通及嘗試）。

4. 高年級時將進行數學的引導。

教育成果報告書（102-103 學年度）

實驗教育名稱：自主學習在家教育

申請學生姓名：李淑惠

申請學生家長：張碧如

計畫時程：102 學年度第一學期-103 學年度第二學期
（民國 102 年 8 月 1 日起至民國 103 年 7 月 31 日止，共兩個學年）

壹、兩年教育現況描述

　　第一年是摸索過程，第二年則進入有系統的引導，並找到了在家教育的模式。李淑惠同學這兩年來的教育成果，主要可從生活學習及學科學習兩個部分來說明。

貳、生活學習的教育成果

　　這兩年來生活學習的重點，主要包括人際關係、人格培養、自主學習等。

　　在人際關係上，除了同儕互動外，更有與大人互動的練習，符合社會中真實人際互動的情境。同儕間的互動包括舞蹈才藝教室的同學、英語才藝教室的同學、教會同儕、一位體制內學伴（每周相見歡一到二次）、二位在家教育學伴（每天下午碰面）、其他在家教育家庭學伴等；與大人朋友的互動則包括父母、學伴的家長、父母的同事及朋友（淑惠會到媽媽的職場）等。淑惠個性活潑、會主動與人互動，也懂得關心與分享，二上末被舞蹈才藝教室選為班長、與學伴互動良好、在媽媽辦公室結交

柔柔姊姊與熊熊姐姐兩位好朋友等，都可以看出淑惠的人際發展沒有什麼問題。

在人格培養方面，因為是屬於潛在課程、無法事前規畫，也沒有具體教學方式及成效評量，端看主教者是否重視，以及是否能在生活中點點滴滴落實。目前主要是透過父母在陪伴過程中的提醒、問題發生/處理後的分享、父母的身教與言教、歷史故事中的典範說明等來進行。目前淑惠的人格發展還不錯，具備了快樂、分享、關懷、主動、獨立等特質。

在自主學習方面，主要是透過讓學生擁有足夠時間與自由，以從事自己想做的事情的方式來落實，並希望學生在探索興趣與專長的同時，能養成獨立完成、主動學習的能力。例如，淑惠在網路上經常看「冰雪奇緣」角色的畫製過程、真人化妝成「冰雪奇緣」角色的過程等，因此主動提到想學化妝。在了解淑惠對美的興趣與追求，加上未來舞蹈表演也會需要化妝等考量，父母同意了，並邀請樹德家商美容科的老師來擔任教學。換言之，因為自主學習，學生有機會探索他有興趣的學習內容，也讓學習的面向更多元（不受限於父母的經驗）。惟孩子在此階段仍需要大人陪伴，因此完全的自主學習將當作長程目標。

培養人際關係、人格培養、自主學習所參與的相關活動，請參見所遞送的學生學習狀況報告書（共一、二年級兩份資料）。

參、學科學習的教育成果

學科學習主要包括媽媽設定的音樂、外語、人文素養三個學習領域，以及孩子主動爭取到的其他學習領域。

在音樂的學習方面，包括鋼琴與小提琴，主要是一對一才

藝課程，並由母親或自己進行在家的練習。鋼琴的學習始於一年級上學期，小提琴始於二年級上學期，目前兩者的學習狀況都很好。淑惠以小提琴報考屏東幸福國小音樂班，並在 13 支小提琴報考者中，進入前 7 名、取得主修小提琴的資格。

在外語學習方面，包括英語、日語。英語斷斷續續有接受外籍老師教導，並配合母親陪伴的自學，目前已能簡單聽說。日語在初期接受 2 個月的外籍老師教導後，目前完全以自學方式進行，最近找到一個喜歡的網路學習資源，並持續進行中。

在人文素養方面，包括歷史故事、成語、讀經、寫日記、閱讀等，完全是由母親陪伴的自學方式進行。聆聽大量歷史故事，有系統的彙整則會待四年級時進行；慢慢增加對成語的瞭解，並做簡單的成語書寫；目前誦讀三字經，每天進行時間約 3-5 分鐘；孩子自主寫日記，內容很簡單，但希望能養成寫日記的習慣；閱讀則隨意進行，目前對閱讀的興趣不是非常高，所以需家長叮嚀。

在其他領域方面，包括參與舞蹈與美術等才藝課程、自主學習有興趣的內容。孩子自主要求參與的才藝課程，包括舞蹈及美術。舞蹈課程已持續近一年，目前仍非常有興趣；美術課則剛開始兩個月，目前考慮集中在捏塑的課程。自主學習的部分，仍提供學生很長的自主時間，學生有時會看一些挑選過的公視節目，有時會決定去跟鄰居玩（有在家教育家庭及體制內家庭的朋友），有時則有讓人驚訝的想法（如辦理家庭音樂欣賞會）。

使用教材一覽表

　　本一覽表是淑惠用過的教材，其中註記「＊」者是他常用的。圖書式的紙本資料未列在表中，因為數量太多、分類雜亂。希望本表能提供參考。

日文網站

1.　＊艾鈴的挑戰 https://www.erin.ne.jp/zh/

2.　＊日文自學網 http://smady.com/

3.　＊NHK for School http://www.nhk.or.jp/school/

英文網站

1.　＊爸爸英文歌　http://www.ept-xp.com/?ID=220001

2.　＊故事唱歌 http://www.e-yep.com/

3.　＊國家地理雜誌

　　http://ngexplorer.cengage.com/ngyoungexplorer/index.html

4.　＊http://www.bookbox.com/

5.　英語遊戲 http://www.baobao88.com/bbgame/en/

6.　看影片學英文 https://tw.voicetube.com/

音樂網站

1.　音樂欣賞

　　https://market.cloud.edu.tw/content/primary/music/tn_dg/

　　content/themes/enjoy/enjoy.htm

2. EOP 網站 http://tw.everyonepiano.com/Music.html
3. 國立台灣藝術教育館終身學習網路教材
   http://www.arte.gov.tw/learn_webtitle08.asp

數學網站
1. 均一教育平台 http://www.junyiacademy.org/

其他網路教材（youtube）
2. *流言追追追、*下課花路米、*每日一字、*少年ㄟ哩來、
   *小主播看天下

其他教材
1. 公共電視：*古典魔力客、*故宮奇航、*非常有藝思
2. Live ABC：*ABC 英語故事袋（4 套）、我的英語閱讀花園（3
   套）、*21 世紀情境式日語圖解字典、*21 世紀情境式英語
   圖解字典
3. 視聽教材：*魔鏡公公講中國歷史故事、*魔鏡公公講世界
   歷史故事、*魔鏡公公講台灣歷史故事、*中國童話故事

國家圖書館出版品預行編目(CIP)資料

勇敢走上不一樣的路：在家教育新手經驗談 / 張碧如著

初版 — 臺中市：鑫富樂文教，2016.04

　　ISBN 978-986-93065-0-8(平裝)

　　1.在家教育　2.親職教育

　　528.1　　　　　　　　　　　　　　105005260

勇敢走上*不一樣*的路

--在家教育新手經驗談

作者：張碧如
編輯校對：張碧如
美術設計：田小蓉、郝定慧、林大田

出版發行：鑫富樂文教事業有限公司
地址：402台中市南區南陽街77號1樓
電話：(04)2260-9293　　傳真：(04)2260-7762

出版公司網站：www.happybookp.com

定價：NT$320 元

2016年4月15日　初版一刷
本書內頁版權歸屬於作者，內容權責由作者自負